# 첨단과학
# LIVE 과학

### ⑨ 소셜 네트워크

# LIVE 과학

### 글 / 권용찬
장편 소설 〈설이움〉을 통하여 작가의 길에 들어섰습니다. 이후 동화, 칼럼, 만화 시나리오 등 다양한 분야에서 활발하게 활동하고 있습니다. 〈Why? people〉, 〈드래곤 빌리지2 - 과학 생존 스쿨〉 시리즈를 비롯한 여러 학습 만화 집필에 참여하였습니다.

### 그림 / 유대수
재미와 감동을 주는 어린이 만화를 그리고 있습니다. 대표작으로는 〈솔로몬 게임〉, 〈로이월드 스토리〉, 〈기탄 교과서 만화 과학 3-2〉, 〈100가지 세계사 1000가지 상식〉, 〈Why? 교과서 사회〉 등이 있습니다.

### 학습 구성 및 감수 / 정효진
아이들이 과학과 한 발자국 더 가까워지기를 바라는 교사로, 지금은 청원초등학교에서 일하고 있습니다. SK하이닉스 창의로보올림피아드 교실 강사와 한국교육학술정보원 소프트웨어 교육 선도 교원으로 활동하고 있습니다.

---

## LIVE 과학 첨단과학 009 소셜 네트워크

**발행일**: 2018년 4월 1일 초판 / 2024년 1월 2일 2쇄
**발행처**: (주)천재교육
**기획편집**: 박세경 / **책임편집**: 김정현, 이유미
**글**: 권용찬 / **그림**: 유대수 / **학습 구성 및 감수**: 정효진
**표지 사진 제공**: 셔터스톡
**본문 사진 제공**: 셔터스톡, 연합뉴스, 위키피디아, 픽사베이
**신고번호**: 제2001-000018호(1980.5.28)
**팩스**: 02-3282-1717 / **고객만족센터**: 1577-0902
**주소**: 08513 서울특별시 금천구 가산로 9길 54 / **홈페이지**: www.chunjae.co.kr

ISBN 979-11-259-7788-9 74400
ISBN 979-11-259-7779-7 74400(세트)

이 책은 저작권법에 보호받는 저작물이므로 무단 복제, 전송은 법으로 금지되어 있습니다.

## 추천의 글

새 과학 교육 과정의 핵심 키워드는 바로 **창의와 융합**입니다. 이제 과학 교육은 이론과 실험에 치중했던 기존 방향에서 타 과목과 연계하여 사고하고 또 새로운 아이디어를 창조하는 방향으로 변화하고 있습니다. 〈라이브 과학〉은 이러한 교육 경향에 발맞춰 기획된 학습 만화로, 한정된 분야의 지식이 아닌 **주제와 관련된 광범위한 지식의 확장을 추구하는 만화**입니다.

주인공 아라와 누리는 외계의 로봇입니다. 이들은 지구와 인간에 대해 배우러 왔다가 우연히 지구의 네트워크를 무너뜨리려는 악당과 싸우게 됩니다. 지구의 모든 것이 마냥 신기한 외계 로봇의 시선을 통해 과학 전 분야에 걸친 지식을 습득하고, 과학의 다양한 문제를 새롭게 바라보며 함께 생각할 수 있습니다.

**4차 산업 혁명이 시작되는 과학의 전환기**, 그 미래의 시작을 〈라이브 과학〉과 함께하시길 바랍니다.

서울교대 과학교육과 교수, 물리교육학 박사
전영석

우리는 그 어느 시기보다 빠른 변화로 인해 날마다 새로워지는 4차 산업 혁명의 시대에 살고 있습니다. 사물과 사물, 인간과 사물 등 모든 것이 연결되는 사회, 인공 지능과 로봇이 공존하는 생활이 펼쳐질 것입니다. 오늘날 최첨단의 과학 기술은 이로운 만큼 한편으로는 해킹과 바이러스 등에 공격당할 위험 요소를 가지고 있습니다. 하지만 우리가 첨단 과학이 가진 장단점을 잘 알고 대비한다면 미래가 그저 두렵기만 하지는 않을 것입니다. **과학 기술은 항상 인간의 행복을 위하여 발전해야 합니다.**

〈라이브 과학〉은 변화된 새 교육 과정에 맞춰 첨단 과학·융합 과학·통합 과학을 강조하는 전문성 있는 커리큘럼으로 구성되어 있습니다. 그중 **최신 과학 주제를 적절히 골라내어 아이들 눈높이에 맞게 잘 녹여 냈습니다**. 또한 **과학으로 미래를 준비하는 꿈나무들의 훌륭한 밑거름**이 될 지식을 잘 버무려 담았습니다. 모든 아이들이 기초부터 차근차근, 깔깔 웃으며 배우길 소망합니다.

전주교대 컴퓨터교육과 교수, 전자계산학(인공 지능 분야) 박사
유정수

# 이 책의 특징

### 1 과학 원리 이해!

어렵고 복잡하기만 했던 과학 원리를 만화로 재미있게 익힐 수 있습니다.

첨단 과학, IT 등 최신 과학 이슈가 가득!

### 2 핵심 내용이 한눈에, 인포그래픽!

과학 핵심 정보가 시각화되어 있어 정보를 빠르고 쉽게 이해할 수 있습니다.

### 3 사고력을 키우는 통합 과학!

수학, 역사, 음악, 미술 등 다양한 과목과 연계된 공통의 주제를 통해 지식의 폭을 넓힙니다.

**경제로 과학 읽기** — 공장이 거대 컴퓨터로 변하는 스마트 팩토리

스마트 팩토리는 공장 안의 모든 장비가 센서와 무선 통신으로 연결된 첨단 공장입니다. 이곳에서는 프로그래밍이 된 기계가 물건의 생산 개수와 종류를 자동으로 계산합니다. 또 기계 고장과 불량품도 즉시 골라냅니다.
스마트 팩토리를 가장 먼저 만든 기업은 미국의 제너럴 일렉트릭입니다.

▲ 제너럴 일렉트릭의 스마트 팩토리

제너럴 일렉트릭은 에디슨이 세운 전기 조명 회사로부터 발전해 세계적인 기업이 되었어!

3D 애니메이션

2D 애니메이션

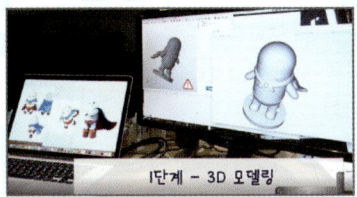
과학 동영상

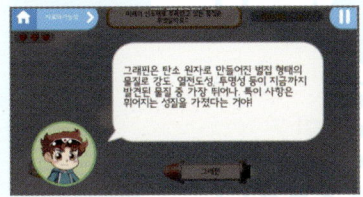
모바일 과학 게임

### ④ 다양한 주제의 멀티미디어!
라이브 과학 애플리케이션을 이용하여 3D·2D 애니메이션, 과학 동영상 등을 만화와 함께 즐길 수 있습니다.

### ⑤ 모바일 과학 게임!
만화로 얻은 지식을 재미있는 과학 게임으로 확인할 수 있습니다.

모바일 게임 다운로드는 184쪽에서!

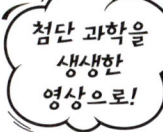
첨단 과학을 생생한 영상으로!

각 권마다 5편의 영상이 담겨 있어.

## 멀티미디어 이용 방법

### ☆ 앱으로 라이브 영상을 감상하려면?

① QR코드를 통해 앱 설치 페이지로 이동하여 〈라이브 과학〉 앱 다운로드!

다운로드 페이지로, GO!

② 앱에서 각 권의 콘텐츠를 담은 뒤 버튼을 눌러서 카메라를 실행합니다.

③ 만화 속 '라이브 영상' 코너에서 카메라 마크가 있는 칸 전체를 비추면 해당 주제의 멀티미디어 재생!

이 마크가 있는 칸을 향해 찰칵~ 찍기만 하면 애니메이션이 짠!

# 차례

- 멀티미디어 이용 방법 ········································· 5
- 지난 이야기 ···················································· 8

**1장** SNS란 무엇일까? ········································ 10

**2장** SNS를 어떻게 이용해야 할까? ························ 44

**3장** SNS는 어떤 기능을 가지고 있을까? ·················· 80

**4장** SNS를 둘러싼 쟁점은 무엇일까? ······················ 112

**5장** SNS는 미래에 어떻게 발전할까? ······················ 148

- 라이브 영상 ································ 36, 47, 87, 130, 170
- 인포그래픽 핵심 과학 ···················· 40, 76, 108, 144, 180
- 플러스 통합 과학 ·························· 42, 78, 110, 146, 182
- 도전! 과학 퀴즈 / 모바일 과학 게임 ······················· 184
- 정답과 해설 ··················································· 196

만화 하단의 ★표시는 과학 관련 어휘, ▶표시는 일반 어휘로 구분하였습니다.

# 등장인물 소개

### 과학자 빅터들

"빅토피아의 운명은 너희에게 달렸어!"

빅토피아에 살고 있는 외계인 과학자들이다. 빅토피아에 전해졌던 지구의 데이터가 몽땅 사라지자 아라와 누리를 지구로 보내 빅토피아 살리기에 나선다.

### 미니 빅터

"내가 춤을 추면 빅토피아로 데이터가 전송돼!"

빅토피아의 중앙 컴퓨터에 데이터를 직접 전송할 수 있는 인공지능 USB이다.

### 아라

"천하무적 아라 님이 나가신다!"

빅토피아에서 개발한 인공지능 여자 로봇이며, 머리보다는 주먹이 먼저 앞서는 활발한 성격이다.

### 누리

"SNS가 빅토피아에 도움이 될까?"

빅토피아에서 개발한 인공지능 남자 로봇으로, 지적 호기심이 왕성하며 신중한 성격이다.

### 도키

"아라와 누리는 내가 지킬 거야!"

빅토피아의 정보 수집 로봇으로, 지구에서 현재 가장 인기 있는 SNS '도키방가'를 개발하는데 커다란 공을 세웠다.

### 태빗

"도키보다 내가 부족한 게 뭔데?"

여행을 떠난 도키를 대신해 아라와 누리를 성실히 돕는다. 하지만 가끔 수상한 모습을 보인다.

# 1장 SNS란 무엇일까?

▶ [11쪽] 비상용 : 뜻밖의 긴급한 사태가 일어났을 때 씀.
▶ [11쪽] 장작 : 통나무를 길쭉하게 잘라서 쪼갠 땔나무.

▶ 임무 : 맡은 일.
▶ 좌표 : 특정 위치를 지정하기 위하여 사용되는 값.

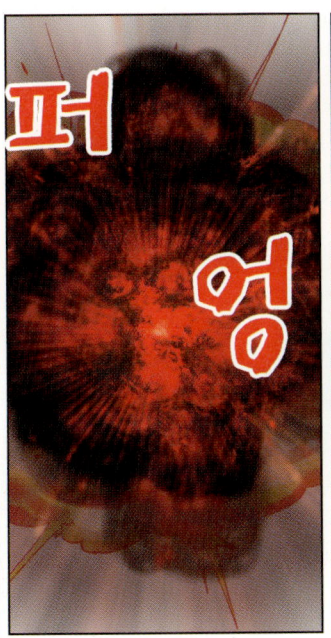

▶ [12쪽] 사양하다 : 겸손하여 응하지 않거나 받지 않다.
▶ 테스트 : test. 제품의 성능을 알아보기 위하여 시험함.

▶ **발명하다** : 아직까지 없었던 물건이나 기술을 새롭게 만들어 내다.
▶ **수리하다** : 고장 나거나 허름한 데를 손보아 고치다.

▶ 트램펄린 : trampolin. 스프링이 달린 사각형 또는 육각형 모양의 매트.
▶ 텔레포트 : teleport. 순식간에 어느 공간으로 이동하는 기술.

▶ **작동하다** : 제 기능대로 움직이다.
▶ **기적** : 상식을 벗어난 기이하고 놀라운 일.

▶ [16쪽] 목적지 : 목적으로 삼는 곳.
▶ 저승길 : 사람이 죽은 뒤에 그 혼이 가서 산다고 하는 세상으로 가는 길.

▶ 사정 : 일이 그렇게 된 까닭.
▶ 크루즈 여행 : 먼 바다를 항해할 수 있도록 만든 대형 요트를 타고 떠나는 여행.

### 톡톡 과학 — SNS를 어떻게 정의할 수 있을까?

SNS는 ★월드 와이드 웹이 개발되며 빠르게 발전하기 시작하였고 이후 스마트폰, 컴퓨터, 태블릿 등 디지털 기기가 널리 쓰이면서 이용자가 폭발적으로 늘어나게 되었다.

그동안 개발된 SNS의 수만큼 그 특징 또한 다양하여 사람들마다 SNS를 각기 다르게 정의하고 있다. 그 가운데 가장 대표적인 것이 미디어 박사인 다나 보이드와 니콜 엘리슨의 정의이다. 그들은 이용자로 하여금 특정 시스템에 자신의 개인 정보를 공개하고, 그들이 관계 맺은 다른 이용자들의 목록을 보여 주며, 나아가 다른 이용자들이 관계 맺은 사람들을 둘러볼 수 있게 해 주는 웹 기반의 서비스를 SNS(Social Network Service, 소셜 네트워크 서비스)라고 하였다.

★**월드 와이드 웹** : World Wide Web. 인터넷에 연결된 컴퓨터를 통하여 사람들이 정보를 공유할 수 있는 전 세계적인 정보 공간.

▶ 자유자재 : 거침없이 자기 마음대로 할 수 있음.
★ 홀로그램 : hologram. 3차원 영상으로 된 입체 사진.

▶ **두말하면 잔소리** : 이미 말한 내용이 틀림없으므로 더 말할 필요가 없음을 강조하여 이르는 말.
▶ **소통하다** : 서로 의견이 잘 통하다.

▶ 들통나다 : 비밀이나 잘못된 일이 드러나다.
▶ 적극적 : 대상에 대한 태도가 긍정적이고 능동적임.

▶ 중고 : 이미 사용하였거나 오래됨.
▶ 외면하다 : 피하거나 받아들이지 않다.

### 톡톡 과학 — SNS의 기능에는 어떤 것들이 있을까?

SNS는 여러 사람과 교류하며 관계를 맺는 것이 주목적이나 이외에도 다양한 기능을 가지고 있다.

| | |
|---|---|
| 전문가 검색 | 평소에 쉽게 만날 수 없는 사람이나 전문적인 지식을 보유한 사람을 검색할 수 있다. |
| 관계 유지 | 실제로 알고 있는 사람들과 연락하며 관계를 유지할 수 있다. |
| 정보 공유 | ▶유용한 정보나 사진, 음원, 동영상 등의 ▶콘텐츠를 공유할 수 있다. |
| 일상 공유 | 최근 상황이나 기분 및 생각 등을 자유롭게 표현할 수 있다. |

▶ **유용하다**: 쓸모가 있다.
▶ **콘텐츠** : contents. 인터넷을 통하여 제공되는 각종 정보나 그 내용물.

★에너지 : energy. 물체가 가지고 있는 일을 할 수 있는 능력.
★광합성 : 빛을 이용하여 영양분을 스스로 만드는 과정.

▶ [26쪽] 일석이조 : 돌 하나로 두 마리의 새를 잡는다는 뜻으로, 한 가지 일로 두 가지 또는 그 이상의 이득을 얻음을 이르는 말.

▶ 화제 : 남의 입에 오르내리며 이야기의 대상이 되는 문제.
▶ 체면 : 남을 대하기에 떳떳한 도리나 얼굴.

▶ 푸드 트럭 : food truck. 길거리에서 음식이나 음료 등을 만들어 파는 트럭.
▶ 경로 : 지나가는 길.

▶ 홍보 : 사업이나 상품을 널리 알림.
▶ 위력 : 강력한 힘.

▶ [30쪽] 사례 : 이전에 실제로 일어난 예.
▶ 최첨단 : 시대나 유행의 맨 앞.

▶ 꿍꿍이 : 남에게 드러내지 않고 혼자 속으로 어떤 일을 꾸미려는 속셈.
▶ 속내 : 겉으로 드러나지 않은 속마음이나 일의 내막.

▶ 이자 : 남에게 돈을 빌려 쓴 대가로 치르는 일정한 비율의 돈.
▶ 속 : 품고 있는 마음이나 생각.

▶ 장안 : '서울'을 수도 또는 번화한 도시라는 뜻으로 이르는 말.
▶ 먹방 : 먹는 방송의 준말.

▶ [34쪽] 실화 : 실제로 있는 이야기.
▶ 에피소드 : episode. 남에게 알려지지 않은 재미있는 이야기.

## 라이브 영상 SNS와 UCC

처음 SNS는 자신의 정보를 공개하고, 비슷한 성향의 사람들과 관계를 맺는 용도로 사용되었다.
그러나 이후 ▶공익 목적이나 상업적 용도로 발전하게 되는데, 유튜브로 대표되는 UCC가 대표적인 예이다.

▶ **UCC** : User Created Contents. 사용자가 직접 제작한 저작물.
▶ **공익** : 사회 전체의 이익.

▶ 연결하다 : 사물과 사물이 서로 이어지거나 관계를 맺다.
▶ 인식하다 : 사물을 분별하고 판단하여 알다.

▶ [38쪽] 목표 : 도달해야 할 곳을 목적으로 삼음.
▶ 날벼락 : 뜻밖에 당하는 불행한 사고.

# 인포그래픽 핵심 과학

## 소셜 네트워크의 역사

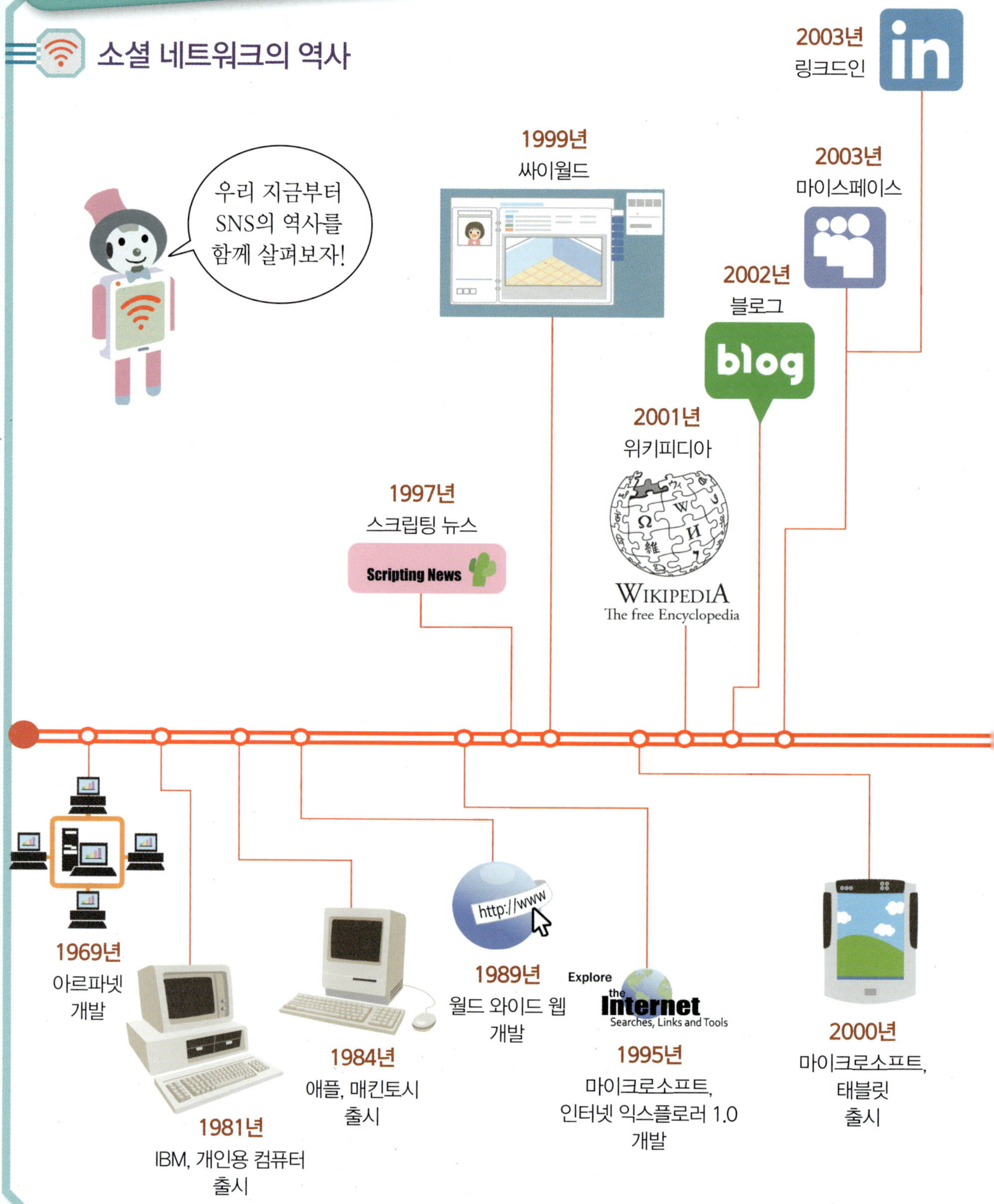

우리 지금부터 SNS의 역사를 함께 살펴보자!

- **1969년** 아르파넷 개발
- **1981년** IBM, 개인용 컴퓨터 출시
- **1984년** 애플, 매킨토시 출시
- **1989년** 월드 와이드 웹 개발
- **1995년** 마이크로소프트, 인터넷 익스플로러 1.0 개발
- **1997년** 스크립팅 뉴스
- **1999년** 싸이월드
- **2000년** 마이크로소프트, 태블릿 출시
- **2001년** 위키피디아
- **2002년** 블로그
- **2003년** 마이스페이스
- **2003년** 링크드인

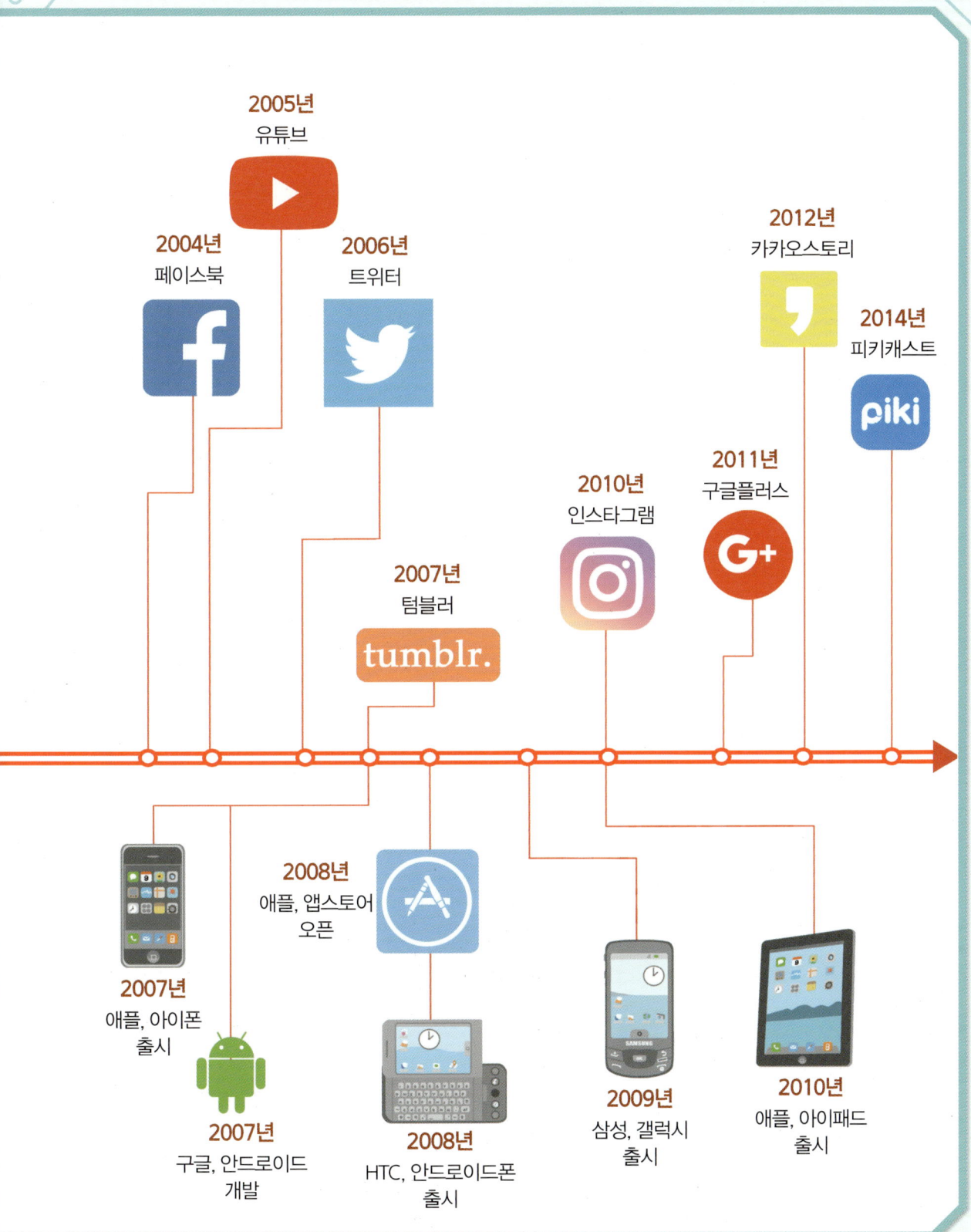

# 플러스 통합 과학

### 정보로 정보통신 읽기 | 소셜 네트워크의 특징은 무엇일까?

소셜 네트워크란 온라인상에서 다양한 사람들과 사회적 관계를 맺고 서로 정보를 주고받을 수 있는 정보통신 기술을 말합니다. 보통 소셜 네트워크 서비스(Social Network Service)의 알파벳 첫 글자를 따서 SNS라고 부르는데, 우리가 친숙하게 사용하는 카카오톡, 페이스북, 트위터, 인스타그램 등이 여기에 속하지요.

이제 인터넷은 더 이상 필요한 정보만을 찾는 곳이 아닙니다. SNS로 사람들은 정보를 주고받으며 생산적인 용도로 활용하고 있지요. 자신만의 콘텐츠를 창출하는 하나의 사회적 문화 공간으로 자리 잡은 것입니다.

### SNS의 특징

- 시간이나 공간의 제약 없이 여러 사람에게 정보를 전달할 수 있다.
- 직접 만나지 않고도 공통 관심사를 가진 사람들과 커뮤니티를 만들어 공유할 수 있다.
- 사회적 이슈를 더욱 빠르게 전달하거나, 받을 수 있다.
- 하고 싶은 말을 형식에 얽매이지 않고 시시각각 올릴 수 있어 정보의 확장이 즉각적이다.

## 마크 저커버그가 페이스북을 만들게 된 계기는?

10대 시절부터 프로그래밍을 배우기 시작한 마크 저커버그는 고등학생 때 이미 인공 지능을 이용해 사용자의 음악 감상 취향을 분석할 수 있는 '시냅스 미디어 플레이어'를 개발했어요. 세계적인 IT 기업에서 마크 저커버그를 영입하려 했지만 그는 하버드 대학교에 입학한 뒤, 컴퓨터과학과 심리학을 전공하는 것으로 진로를 결정했습니다.

하버드 대학교에 재학 중이던 2003년, 당시 열아홉 살이던 저커버그는 인맥 관리를 위해 '페이스매쉬'라는 사이트를 열었어요. 정확히 말하면 학교 사이트를 해킹하여 여학생들의 사진을 구한 뒤, 페이스매쉬에 올려 가장 인기 있는 여학생을 뽑는 것이었지요. 페이스매쉬는 하버드 대학교의 재학생들에게 엄청난 호응을 얻었고, 저커버그는 이를 계기로 이듬해 '페이스북'을 오픈하였습니다.

▲페이스북을 만든 마크 저커버그는 미국의 경제 전문지 〈포브스〉가 2010년 발표한 세계 10대 청년 부자 1위에 오르기도 하였다.

처음 하버드 대학교의 학생들만 이용할 수 있었던 페이스북은 두 달 만에 주변 대학의 학생들도 이용할 수 있게 그 영역이 확대되었어요. 그 후 2005년에는 고등학생, 2006년에는 열세 살 이상의 이메일 주소를 가진 사람이면 누구나 가입할 수 있게 되며, 미국을 넘어 세계인이 사용하는 대표적인 SNS로 자리 잡았습니다.

▲'세계 모든 사람을 연결시키겠다'는 목표를 지닌 페이스북은 가장 성공한 SNS 중 하나로 꼽힌다.

# 2장 SNS를 어떻게 이용해야 할까?

다음 날 아침

애들아, 우리 오늘부턴 SNS 활동하기다?

어제 받은 충격으로 ★액정 화면이 바뀌었네. 리셋할게!

태빗, 어디 아파?

상태가 왜 그래?

있지, 나 또 궁금한 게 생겼어!

질문은 언제든지 환영이야! 그래, 뭐가 궁금해?

★액정: 액체와 고체의 중간 상태에 있는 물질.
★리셋: reset. 데이터 일부 혹은 전체를 처음 상태로 되돌리는 일.

### SMS, MMS, SNS는 어떻게 다를까?

SMS와 MMS, 그리고 SNS는 다른 사람과 소통하기 위하여 쓰인다는 공통점이 있다. 그렇다면 어떤 차이점이 있을까?

| SMS | MMS | SNS |
| --- | --- | --- |
| 단문 메시지 서비스. 영문 알파벳 140자 또는 한글 70자 이내의 짧은 메시지를 주고받을 수 있다. | 멀티미디어 메시지 서비스. 사진, 음원, 동영상 등 다양한 형식의 데이터를 함께 보낼 수 있다. | 소셜 네트워크 서비스. 온라인상에서 글을 쓰거나 댓글을 달며 다른 사람과의 관계를 관리할 수 있다. |

▶ 태블릿 : tablet. 손가락이나 터치 펜으로 쉽게 조작할 수 있는 소형의 휴대용 컴퓨터.
▶ 음원 : 디지털 신호를 통하여 재생되는 소리.

▶ 식욕 : 음식을 먹고 싶어 하는 욕망.
▶ [47쪽] 쿠폰 : coupon. 어떠한 서비스나 상품을 무료로 제공받을 수 있는 표.

▶ 클릭 : click. 마우스의 단추를 누름.
▶ 이벤트 : event. 목적을 가지고 사전 계획된 행사.

▶ 로고 : logo. 기업, 제품 등을 상징하기 위한 문자 도형.
▶ [49쪽] 트윗 : tweet. 트위터에 글을 쓰는 것.

▶ 팔로워 : follower. SNS에서 특정한 사람의 계정을 즐겨 찾고 따르는 사람을 이르는 말.
▶ 공유하다 : 두 사람이 한 물건을 공동으로 소유하다.

▶ 인스타그램 : Instagram. 인스턴트 카메라와 텔레그램의 합성어로, 사진 및 동영상을 공유할 수 있는 SNS.

★ 인공지능 : 인간처럼 학습하고, 생각하고, 판단하는 등의 능력을 갖춘 컴퓨터 시스템.
▶ 전환하다 : 다른 방향이나 상태로 바꾸다.

★아이디 : ID. 인터넷에서 이용자의 신분을 증명할 수 있는 고유의 체계.
★온라인 : on-line. 네트워크나 인터넷 등에 컴퓨터가 연결된 상태.

▶ [52쪽] 탑재하다 : 떨어지지 않게 붙이다.
▶ 문화 : 삶을 편리하게 만들고자 사회 구성원에 의하여 습득, 공유, 전달이 되는 행동 양식.

> 그럼요. 금강산도 식후경이죠.
>
> 맛있는 거 먹은 다음에 기운 내서 문화 탐방하죠.
>
> 저도 함께하고 싶어요. 몇 시에 어디로 가면 만날 수 있나요?

▶ **식비** : 먹는 데 드는 돈.
▶ **고생하다** : 어렵고 힘든 일을 겪다.

▶ 순조롭다 : 일이 아무 탈이나 말썽 없이 예정대로 되어 가는 상태에 있다.
▶ 게시판 : 여러 사람에게 알리는 글을 보면서, 자신의 글을 올릴 수도 있는 인터넷상의 공간.

### 톡톡 과학 — SNS를 어떻게 이용할 수 있을까?

여러 가지 기능을 이용해 SNS를 더욱 다채롭게 활용할 수 있다.

| 댓글 달기 | ★링크 달기 | 해시태그 달기 |
|---|---|---|
| SNS 게시물 밑에 남길 수 있는 짧은 글로 이용자들은 그와 관련하여 의견을 표현할 수 있다. | SNS 이용자가 링크를 클릭하면 즉시 다른 파일을 가져와 그 내용을 볼 수 있다. | 특정 단어나 문구 앞에 '#' 기호를 붙여 정보를 공유하거나 찾을 수 있다. |

★링크 : link. 인터넷 홈페이지에서 지정하는 파일이나 문자열로 이동할 수 있도록 선택적인 연결을 제공하는 부분.

▶ [56쪽] 포즈 : pose. 몸가짐이나 일정한 태도를 취하고 있는 모습.
▶ 팩트 폭행 : 사실(fact)을 기반으로 상대방을 공격하여 아무 말도 할 수 없게 한다는 뜻의 유행어.

▶ 쩨쩨하다 : 너무 적거나 하찮아서 시시하다.
▶ [59쪽] 조급하다 : 참을성이 없이 몹시 급하다.

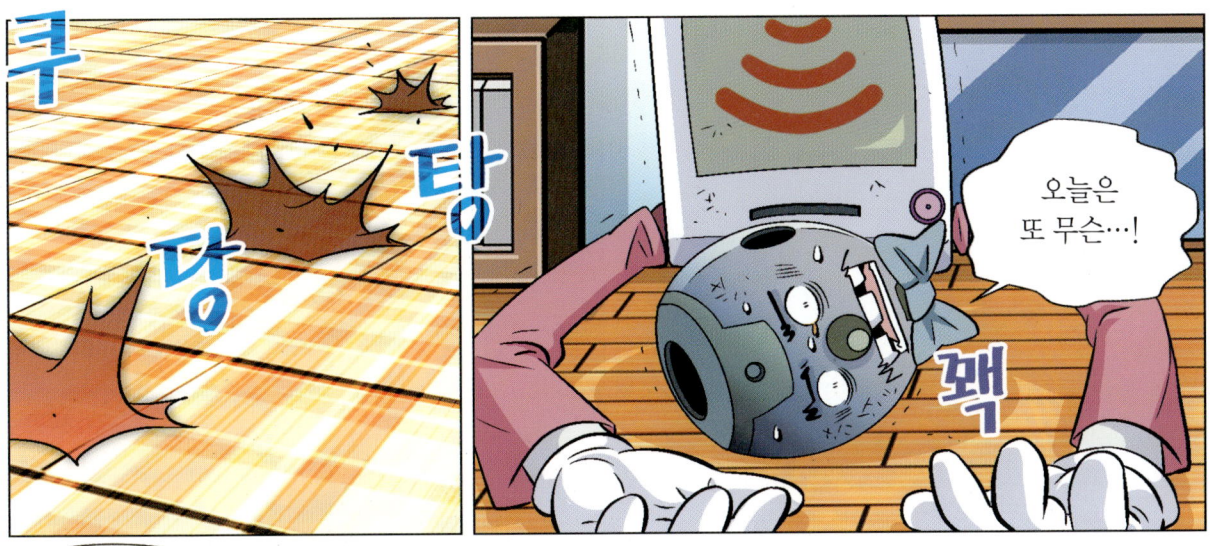

▶ 탓 : 부정적인 현상이 생겨난 까닭이나 원인.
▶ 종잡을 수 없다 : 어떤 기준이 없어 헤아릴 수 없다.

▶ 각개 전투 : 병사 개개인이 총검술 등으로 벌이는 전투.
▶ 부품 : 기계 등의 어떤 부분에 쓰는 물품.

▶ 유용하다 : 쓸모가 있다.
▶ 식중독 : 섭취한 음식물 속에 있는 세균이나 독소에 의하여 일어나는 급성 소화 기관 병.

▶ **돌파하다** : 일정한 기준이나 기록 등을 지나 넘어서다.
▶ **투표하다** : 선거를 하거나 옳고 그름을 결정할 때 의사를 표시하여 일정한 곳에 내다.

▶ 포기하다 : 하려던 일을 도중에 그만두어 버리다.
▶ 발명왕 : 아직까지 없던 기술이나 물건을 새로 생각하여 만들어 내는 데 가장 뛰어난 사람.

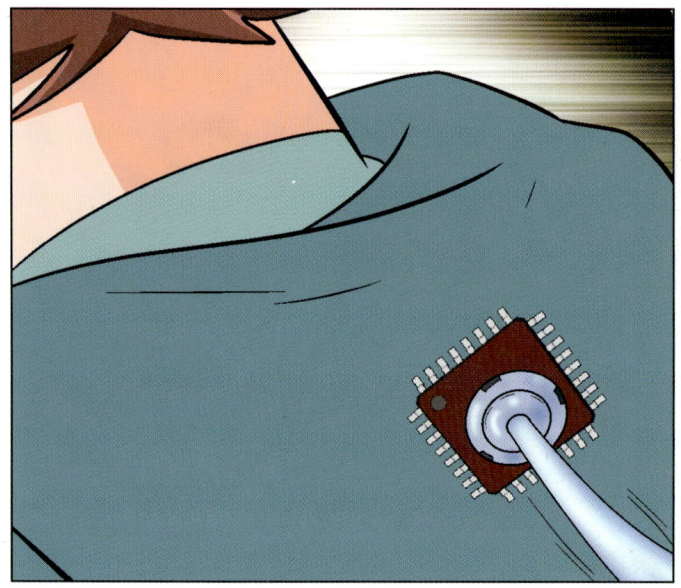
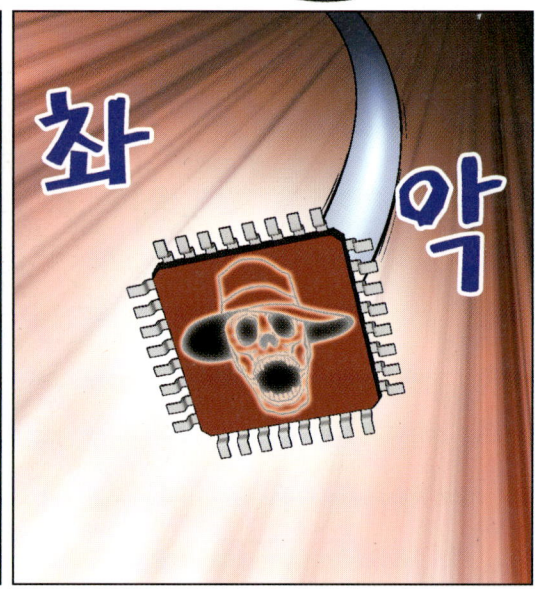

▶ 화해하다 : 싸우던 것을 멈추고 서로 가지고 있던 안 좋은 감정을 풀어 없애다.
▶ 잔소리 : 필요 이상으로 듣기 싫게 꾸짖거나 참견함.

▶ [64쪽] 시간 가는 줄 모르다 : 어떤 일에 몰두하여 시간이 어떻게 지났는지 알지 못하다.
▶ [64쪽] 진작 : 좀 더 일찍이.

▶ **투박하다** : 생김새가 볼품없이 둔하고 튼튼하기만 하다.
▶ **뿌듯하다** : 기쁨이나 감격이 마음에 가득 차서 벅차다.

▶ 발명품 : 새로이 생각하여 만들어 낸 물품.
▶ 충전하다 : 전류를 흘려서 에너지를 축적하다.

▶ 합선 : 전류가 흐르는 선이 사고로 직접 맞붙는 현상.
▶ [67쪽] 작명 : 이름을 지음.

▶ 소질 : 본디부터 가지고 있어 발전할 가능성이 있는, 어떤 일에 대한 재능의 바탕.
▶ 구형 : 기계의 생김새나 기능이 낡고 오래된 것.

### 톡톡 과학 블로그란 무엇일까?

블로그는 웹(web)에서 따온 알파벳 'b'와 항해 일지를 뜻하는 영어 단어 로그(log)의 합성어이다. 블로그 이용자는 게시판 형식의 홈페이지에 일기, 기사 등을 자유로운 형식으로 올릴 수 있다.

▶ **계정** : 인터넷 사이트에 가입할 때 부여되는 사용자 아이디와 비밀번호.
▶ **로그인** : log-in. 사용자가 자신의 아이디로 시스템에 들어가는 것.

▶ 셀카 : 셀프 카메라(self camera)의 준말로, 자기 스스로 사진 찍는 것을 뜻함.
▶ 여유 : 느긋하고 차분하게 생각하거나 행동하는 마음의 상태.

### 톡톡 과학 — SNS에서는 어떤 용어를 쓸까?

SNS를 잘 활용하기 위해서는 필수 용어의 ▶개념을 정확히 파악하는 것이 중요하다.

| | |
|---|---|
| 팔로우 | 누군가를 따른다는 뜻으로 특정 사용자의 글을 보겠다는 것을 말한다. |
| 팔로잉 | 사용자가 다른 사용자를 친구로 등록하는 것을 말한다. |
| 팔로워 | 다른 사용자가 사용자를 친구로 등록하는 것을 말한다. |
| 트윗 | 사용자가 트위터에 글을 올리는 것으로 우리나라 기준으로 최대 140자까지 쓸 수 있다. |
| 리트윗 | 사용자가 다른 사용자가 쓴 트윗을 읽어 보라고 추천하는 것을 말한다. |
| 멘션 | 특정 사용자를 지목하여 메시지를 보내는 것을 말한다. |

▶ **구닥다리** : 낡고 오래되어 유행에 뒤떨어진 물건을 낮잡아 이르는 말.
▶ **개념** : 어떤 사물에 대한 일반적인 뜻이나 내용.

★ 운동 신경 : 근육을 지배하고 조절하는 신경.
▶ 익숙하다 : 서투르지 않고 능숙하다.

74
▶ 추종자 : 어떤 사람의 주장, 의견 등을 좇아서 따르는 사람.
▶ 기세 : 힘있고 기운차게 뻗는 형세.

누리의 상상

내가 지구의 왕이 되는 것도 시간문제야!

지구를 정복하면 정체를 숨겨 가면서 데이터를 모을 필요가 없잖아? 지구를 통째로 빅토피아에 바치면 되니까!

그래, 이걸로 곧 임무 완료다!

누리가 점점 이상해지는 것 같아. 정말 이대로 괜찮은 걸까?

▶ **시간문제** : 어려운 일 없이 가까운 시일 안에 저절로 해결될 문제.
▶ **정복하다** : 다루기 어렵거나 힘든 대상을 뜻대로 다룰 수 있게 되다.

# 인포그래픽 핵심 과학

## 페이스북과 트위터의 여덟 가지 차이점

첫 번째, 개발 목적
- f 친목형
- t 정보형

두 번째, 이용 기기
- f 컴퓨터 위주
- t 모바일 위주

세 번째, 추가 가능한 친구 수
- f 5,000명
- t 제한 없음

페이스북
facebook

네 번째, 전송 가능한 글자 수
- f 420자
- t 140자

(기준 국가 : 대한민국)

트위터
twitter

다섯 번째, 인기 있는 유형
f 얼짱    t 수다쟁이

여섯 번째, 이용 계층
f 학생 위주    t 직장인 위주

일곱 번째, 개인 정보 노출 정도
f 폐쇄형    t 개방형

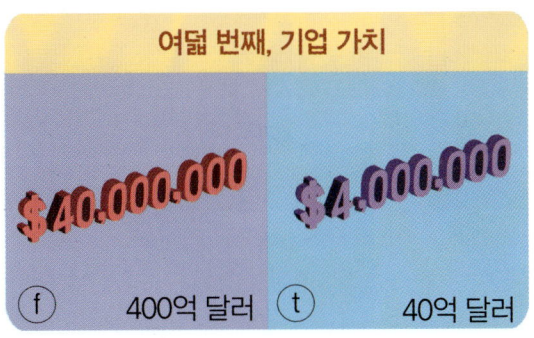

여덟 번째, 기업 가치
f 400억 달러    t 40억 달러

(기준 연도 : 2010년, 수치는 변동 가능)

▶ 얼짱 : 얼굴 생김새가 예쁘거나 잘생긴 사람을 이르는 유행어.

# 플러스 통합 과학

### 사회로 정보통신 읽기 | 해시태그의 사회적 역할은 무엇일까?

SNS에서 어떤 주제에 관한 정보를 공유하고자 할 때에는 '#'을 붙입니다. 이를 #(해시, hash) 기호를 이용해 묶는다(태그, tag)고 하여 해시태그라고 부르지요.

처음 해시태그는 특정 단어를 묶는 정도로만 사용되었는데, SNS가 점차 발달하면서 똑같은 해시태그를 단 글을 검색할 수 있는 기능이 더해졌어요. 예를 들어 SNS에서 '과학'이라는 단어에 해시 기호를 붙여 '#과학'이라고 검색하면, 과학과 관련된 사진이나 글을 찾아볼 수 있지요.

뿐만 아니라 해시태그는 정치나 사회적 이슈를 다루며 뜻을 모으는 역할을 하기도 합니다. 2015년, 프랑스 파리에서 연쇄 테러가 발생해 많은 사람이 피해를 입은 사건이 있었어요. 이 소식을 접한 전 세계의 SNS 이용자들은 "#프레이포파리(Pray For Paris, 파리를 위해 기도를)"라는 해시태그를 달아 애도를 표현했지요.

이처럼 해시태그는 정보 공유와 검색을 넘어 자신을 표현할 수 있는 수단으로 자리 잡았어요. 해시태그를 이용하는 행동 그 자체가 일종의 문화 현상이 된 것입니다.

#경복궁 야간 개장 → ×
#경복궁야간개장 → ○
해시 기호 뒤에
여러 단어가 들어갈 땐
띄어쓰기를 하면 안 돼!

▲ SNS에서 프랑스 파리 연쇄 테러 희생자를 추모하는 #PrayForParis

▲ SNS에서 미국 텍사스 허리케인 피해자를 애도하는 #PrayForTexas

## 기술로 정보통신 읽기 — 빅데이터 시대에 해시태그는 어떻게 사용될까?

오늘날 SNS는 사람들의 소통이 가장 활발하게 이루어지는 곳이에요. 하루에도 수만 개의 콘텐츠가 쏟아져 나와 검색되고 있지요. 이런 콘텐츠와 단어들은 그 자체로 이미 데이터인데, 꾸준히 발생하여 차곡차곡 쌓이고 있습니다. 이처럼 언제 어디서나 데이터를 생산하고, 이를 저장할 수 있는 빅데이터 시대를 '정보 홍수의 시대'라고도 표현합니다. 이때 SNS의 해시태그는 키워드 역할을 훌륭하게 수행합니다. 키워드란 특정한 내용이 들어 있는 정보를 찾기 위해 사용하는 단어로, 사용자의 주된 관심사가 표현되기 때문에 해시태그 정보를 분석하면 특정 검색어와의 연관성이나 데이터 간의 숨겨진 연결 고리를 분석해 낼 수 있습니다. 이렇게 분석한 해시태그와 빅데이터를 가장 활발하게 이용하는 분야가 바로 마케팅이에요. 사람들의 일상생활에 근접한 자료라 개인의 성향이나 행동반경, 구매 양식, 취향 등을 속속들이 파악할 수 있기 때문이지요.

다양하고 방대하며 실시간으로 제공되는 데이터를 빅데이터라고 해!

▲ 빅데이터 분석가는 해시태그를 이용해 마케팅 방안을 궁리한다.

# 3장 SNS는 어떤 기능을 가지고 있을까?

▶ 초호화 : 매우 사치스럽고 화려함.
▶ [81쪽] 음모 : 나쁜 목적으로 몰래 흉악한 일을 꾸밈. 또는 그런 꾀.

▶ 흉악하다 : 모질고 악랄하다.
▶ 치욕 : 부끄럽고 수치스러움.

★ 로봇 : robot. 어떤 작업이나 조작을 자동적으로 해 나가는 기계 장치.
▶ 계정 : 인터넷 사이트에 가입할 때 부여되는 사용자 아이디와 비밀번호.

▶ 포장하다 : 본래의 내용과 다르거나 본래의 내용보다 좋아 보이게 꾸미다.
▶ 형편없다 : 결과나 상태가 매우 좋지 못하다.

## 톡톡과학 SNS를 어떻게 활용할 수 있을까?

| 정치적 활용 | 상업적 활용 |
|---|---|
| 과거 정치인들은 선거 운동을 하기 위하여 방송 프로그램에 출연하거나 유세장에서 연설을 하였다. 그러나 현재는 SNS를 활용하여 시공간의 제약 없이 실시간으로 유권자들과 소통할 수 있다. | 카페나 블로그, 페이스북 등을 통하여 자신의 상품을 판매하여 소득을 얻을 수 있다. 예술가들의 경우, 전시회를 열지 않아도 SNS로 자신의 작품을 홍보하거나 판매할 수 있다. |

▶ 유세장 : 자기 의견을 선전하기 위한 행위를 하는 장소.
▶ 유권자 : 투표권을 행사할 수 있는 사람.

▶ **싱크홀** : sinkhole. 가라앉는다는 뜻의 '싱크(sink)'와 구덩이라는 뜻의 '홀(hole)'이 합쳐진 단어로, 땅속의 지하수가 빠져나가 생긴 빈 공간이 무너지면서 만들어진 거대한 구멍.

### 라이브 영상  SNS 인증샷으로 할 수 있는 일

인증샷은 어떤 일이 사실임을 증명하기 위하여 찍은 사진을 말한다. 카메라가 장착된 휴대 전화가 널리 쓰이면서 많은 사람이 인증샷을 찍어 SNS에 올리기 시작하였다.
그렇다면 인증샷으로 우리는 어떤 일을 할 수 있을까?

- 기쁜 일이나 슬픈 일을 즉각적으로 전달할 수 있다.
- 정부나 단체의 부정부패를 널리 알려 바로잡을 수 있다.
- 인증 이벤트를 통하여 제품 홍보를 효과적으로 할 수 있다.
- 재난이 발생하였을 때 위험을 알릴 수 있다.

▶ 순기능 : 좋은 방향으로 작용하는 기능.
▶ 부정부패 : 바르지 못하고 타락함.

▶ 대활약 : 아주 큰 활약.
▶ 제정신 : 자기 본래의 바른 정신.

▶ 동호회 : 같은 취미를 가지고 함께 즐기는 사람들의 모임.
▶ 방식 : 일정한 형식이나 방법.

- ▶ 번개손 : 번개와 같이 빠르게 움직이는 손.
- ▶ 모드 : mode. 기기가 작동되는 특정한 방식.

▶ **느림보** : 행동이 느리거나 게으른 사람을 낮잡아 이르는 말.
▶ **태블릿** : tablet. 손가락이나 터치 펜으로 쉽게 조작할 수 있는 소형의 휴대용 컴퓨터.

▶ 기절하다 : 두려움, 놀람, 충격 등으로 한동안 정신을 잃다.
▶ 전자 기기 : 전자를 이용한 제품이나 전자에 속하는 기계를 통틀어 이르는 말.

★중앙 처리 장치 : 사용자가 입력한 명령어를 해석하여 전달하고 데이터를 연산, 비교하여 처리하는 컴퓨터의 핵심적인 장치.

▶ 동기 : 어떤 일이나 행동을 일으키게 하거나, 마음먹게 하는 원인이나 계기.
▶ 애지중지 : 매우 사랑하고 소중히 여기는 모양을 나타내는 말.

▶ 규격 : 제품이나 재료의 품질, 모양, 크기, 성능 등의 일정한 기준.
★ 앱 : 스마트폰에서 실행하는 응용 프로그램으로 애플리케이션(application)의 준말.

### 톡톡 과학 — SNS의 역기능에는 어떤 것들이 있을까?

| | |
|---|---|
| 개인 정보 노출 | SNS에 개인적인 이야기나 위치 정보, 사진 등을 올리면 범죄에 악용될 수 있다. |
| 거짓 정보 확산 | 사실 관계가 제대로 확인되지 않은 정보가 광범위하게 퍼질 가능성이 있다. |
| 사이버 왕따 | 누구나 볼 수 있는 댓글을 통하여 따돌림이 이루어져 마음의 상처를 받을 수 있다. |
| 선동 | SNS를 적극적으로 이용하는 사람이 자신의 의견을 강하게 주장하며 여론을 주도할 수 있다. |

▶ 여론 : 수많은 사람의 공통된 의견.
▶ 주도하다 : 주체적으로 이끌거나 지도하다.

▶ [96쪽] 정황 : 어떤 일이 진행되어 가는 모양이나 상태.
▶ 발휘하다 : 지니고 있는 재능을 떨쳐 드러내다.

★칩 : chip. 전기 회로 부분을 넣어 두는 케이스.
▶펜치 : pincers. 철사를 끊거나 구부리는 데에 쓰이는 도구.

▶ 차질 : 일이 틀어지게 돌아감.
▶ 골동품 : 오래되고 예술적 가치도 높아 수집이나 감상의 대상이 되는 물품.

▶ 마크 : mark. 무엇을 상징하거나 상표를 표시하기 위하여 간단한 글자나 그림으로 나타낸 것.
▶ 천만다행 : 아주 운이 좋음.

▶ [100쪽] 긴장되다 : 마음을 조이고 정신을 바짝 차리게 된다.
▶ 고의 : 일부러 하는 생각이나 태도.

★ 기억 회로 : 전기 신호를 부호화하여 기억하거나 직접 기억하는 전자 회로.
▶ 모델 : model. 본보기나 견본이 될 만한 어떤 제품 유형이나 모형.

▶ **오리지널** : original. 복제나 각색 등에 대하여 원작이나 원본, 진품 등을 이르는 말.
▶ **계획** : 장차 벌일 일에 대하여 구체적인 절차나 방법 등을 미리 헤아려 구상함.

▶ **채팅방** : 여러 사용자가 모니터 화면을 통하여 대화를 나누는 곳.
▶ [105쪽] **집요하다** : 몹시 고집스럽고 끈질기다.

### 톡톡 과학 — 사이버 불링이란 무엇일까?

사이버 불링(cyber bullying)은 온라인상에서 SNS 등을 이용하여 특정 대상을 ▶집요하게 괴롭히는 행위를 말한다. 이러한 사이버 불링을 ▶근절하기 위해서는 청소년들 스스로가 사이버 불링이 심각한 사회 문제이자 범죄라는 사실을 깨닫는 것이 중요하다.

▶ 근절하다 : 다시 살아날 수 없도록 아주 뿌리째 없애 버리다.
▶ 선동하다 : 남을 부추겨 어떤 일이나 행동에 나서도록 하다.

▶ 시뮬레이션 : simulation. 실제 사건이나 과정을 시험적으로 재현하는 기법.
★ 원격 제어 : 멀리 떨어진 곳에 있는 기기에 신호를 보내 자유롭게 조종하는 일.

▶ [106쪽] 가동 : 기계를 움직여 일하게 함.
▶ 실수투성이 : 무슨 일이든 제대로 못하는 사람.

# 인포그래픽 핵심 과학

 **SNS의 장점**

손쉬운 인맥 관리

빠른 정보 전달

효과적인 마케팅 수단

엄청난 입소문

다양한 정보 공유

 **SNS의 단점**

개인 정보 노출 위험

불분명한 정보 확산

SNS 중독

분석 능력 저하

악플로 인한 우울증

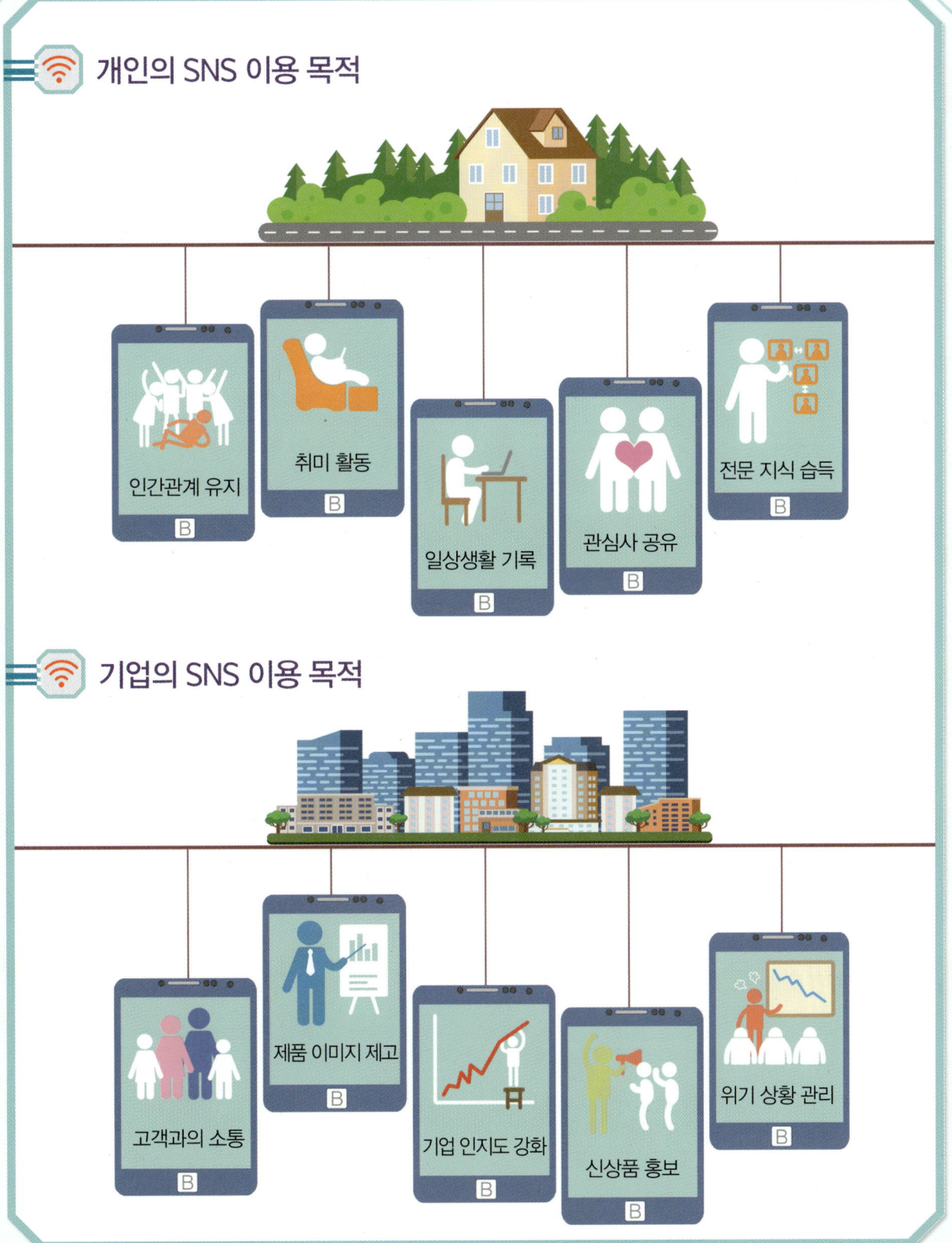

# 플러스 통합 과학

### 정치로 정보통신 읽기 | 카페트 정치를 알고 있나요?

SNS를 활용하는 정치를 '카페트 정치'라고 합니다. 여기서 카페트란 가장 널리 쓰이는 SNS인 카카오톡·페이스북·트위터의 앞 글자를 의미하지요.

우리나라에서 카페트 정치가 본격적으로 시작된 것은 2012년, 18대 대통령 선거 때예요. SNS를 활용한 선거 운동이 허용되면서 후보자들은 너도나도 SNS를 활용한 선거 전략을 세웠지요. 또 투표를 독려하기 위한 인증샷 이벤트가 효과를 발휘하면서 18대 대통령 선거는 이전 선거보다 약 12%나 오른 높은 투표율을 기록했습니다.

▲ SNS에 투표 인증샷을 올리기 위해 사진을 찍는 모습

카페트 정치는 SNS를 주로 이용하는 20~40대의 정치 참여를 높이고, 정책에 관한 다양한 의견을 정치인에게 직접 전달할 수 있다는 순기능이 있습니다. 하지만 한편에서는 카페트 정치의 역기능을 걱정하는 사람들도 많아요. SNS를 특정 정치인을 공격하려는 수단으로 활용하는 사람들이 끊이지 않고, 이로 인해 피해를 입는 정치인들이 다수 생겨났기 때문이지요. 이제 카페트 정치의 단점을 파악하고, 장점을 살려 민주 정치가 발전할 수 있도록 모두가 노력해야 할 때입니다.

| SNS를 통한 정치 참여의 장점 | SNS를 통한 정치 참여의 단점 |
|---|---|
| • 직접적인 정치 참여율을 높이고, 사람들 간의 상호 작용을 확대시킨다.<br>• 정당이나 후보자별로 관련 정보를 검색한 뒤 분석해, 공유하기 쉽다. | • 검증되지 않은 정보가 확산되어 불분명한 여론이 형성될 수 있다.<br>• SNS를 주로 이용하는 20~40대 위주로 정보 공유가 이루어진다. |

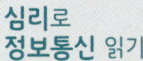 **심리로 정보통신 읽기** 보고 싶은 것만 보고, 듣고 싶은 것만 듣는다고?

과거에는 선거 유세장에 수십만 명의 사람들이 모이기도 했어요. 하지만 SNS를 활용한 선거 운동이 일반화된 요즘은 기존 선거 운동이 별 효과가 없어졌지요. 따라서 많은 비용과 인력이 필요한 기존의 방식은 점차 줄고, SNS로 선거 운동이 옮겨 가고 있습니다.

▲사람들이 몰려든 과거 선거 유세장

그러나 SNS를 활용한 선거 운동이 꼭 효과적인 것만은 아니에요. 확증 편향이 SNS 선거 운동에서 나타나고 있기 때문이지요. 확증 편향이란 정보의 객관성과 상관없이 자신의 신념과 일치하면 받아들이고, 일치하지 않으면 무시하는 것을 일컫는 용어입니다. 즉, 자신이 보고 싶은 것만 보고, 듣고 싶은 것만 듣는 현상이 바로 대표적인 확증 편향이라 할 수 있지요.

SNS의 특성상 생각이나 행동이 비슷한 사람들끼리 쉽게 뭉칠 수 있고, 이러한 흐름이 확증 편향을 부추기는 요인으로 작용하고 있다는 분석도 있습니다.

> 많은 사람들이 각자 정치적 성향을 가지고 있어.

> 정치적 성향은 특정 후보 지지로 이어지는데, 확증 편향은 그 과정에서 일어나곤 하지.

# 4장 SNS를 둘러싼 쟁점은 무엇일까?

▶ **쟁점** : 문제를 해결하기 위하여 서로 진지하게 협의할 필요가 있는 중요 사항.
▶ **추격하다** : 뒤쫓아 가며 공격하다.

▶ 김떡순 : 김밥, 떡볶이, 순대의 준말.
★ 에너지 : energy. 물체가 가지고 있는 일을 할 수 있는 능력.

▶ **시동** : 기계가 움직이기 시작함.
▶ **기능** : 기계가 어떤 일을 해내는 능력.

▶ 단서 : 어떤 일이나 사건을 풀어 나갈 수 있는 실마리.
▶ 도사 : 어떤 일에 도가 트여서 능숙하게 해내는 사람을 비유적으로 이르는 말.

▶ 경로 : 지나가는 길.
▶ 정체 : 사람이나 사물이 지니고 있는 형상.

▶ 순간 이동 : 순식간에 어느 공간으로 이동할 수 있는 기술로, 멀리 있는 곳으로 이동할 때 쓰임.
▶ 구식 : 케케묵어 시대에 뒤떨어짐.

▶ 안전장치 : 사고나 위험으로부터 사람을 보호하기 위한 장치.
▶ 신상 : 새로 개발하거나 기존의 것을 업그레이드하여 출시한 상품.

▶ 매장 : 어떤 사람을 사회에서 활동하지 못하게 함을 비유적으로 이르는 말.
▶ 존재 : 현실에 실제로 있음.

▶ 불만 : 만족스럽지 않아 언짢거나 불쾌함.
★ 로봇 : robot. 어떤 작업이나 조작을 자동적으로 해 나가는 기계 장치.

▶ 사이버 불링 : cyber bullying. 특정 대상을 온라인상에서 집단적으로 따돌리거나 집요하게 괴롭히는 행위.

- ▶ 조절 : 균형이 맞게 바로잡음. 또는 적당하게 맞추어 나감.
- ▶ 충돌 : 서로 맞부딪치거나 맞섬.

▶ 해치우다 : 방해가 되는 대상을 없애 버리다.
▶ 호락호락 : 일이나 사람이 만만하여 다루기 쉬운 모양.

### 톡톡 과학 — 표현의 자유는 반드시 보장받아야 할까?

표현의 자유란 우리나라 헌법에 명시된 '언론·출판·집회·결사의 자유'를 통틀어 가리키는 개념으로, 자신의 생각을 표현하는 모든 활동을 대상으로 한다. 페이스북과 트위터 같은 SNS 역시 자기 의사를 표현하는 수단으로 이용되기 때문에 정치나 종교, 사회 문제 등에 대한 표현의 자유를 인정받는다.

그러나 SNS의 특성상 표현의 자유를 나쁘게 이용할 경우 개인이나 단체에 커다란 피해를 입힐 위험성을 가지고 있다. 따라서 선거처럼 실생활과 직접적으로 연관된 중요한 사항에 대해서는 SNS 활동을 법적으로 제한하기도 한다.

▶ 원맨쇼 : one-man show. 혼자서 진행하는 쇼.
▶ 집회 : 여러 사람이 특정한 공동의 목적을 위하여 일시적으로 모임.

▶ [124쪽] 결사 : 뜻이 같은 사람들이 공통의 목적을 이루기 위하여 단체를 만듦.
▶ 막상막하 : 더 낫고 더 못함의 차이가 거의 없음.

▶ 무기 : 싸울 때 공격이나 방어의 수단으로 쓰이는 도구를 통틀어 이르는 말.
▶ 제거하다 : 없애 버리다.

▶ 가뿐하다 : 몸의 상태가 가볍고 상쾌하다.
▶ 기절하다 : 두려움, 놀람, 충격 등으로 한동안 정신을 잃다.

▶ 보고하다 : 일에 관한 내용이나 결과를 말이나 글로 알리다.
▶ 악성 : 나쁘고 독한 성질.

★업그레이드 : upgrade. 하드웨어나 소프트웨어의 성능을 기존보다 뛰어나게 바꾸는 일.
★온라인 : on-line. 네트워크나 인터넷 등에 컴퓨터가 연결된 상태.

### 라이브 영상 잊혀질 권리가 필요한 사람들

잊혀질 권리는 자신이 작성한 글을 온라인상에서 완전히 삭제할 수 있는 권리를 말한다.
종이로 된 기록물과는 다르게 *인터넷에 한 번 등록된 게시물은 끝없이 퍼져 나가며 확대 재생산되므로 사라지지 않는다는 특징이 있다.
디지털 기기가 ▶보급되어 SNS가 널리 쓰이게 되면서 개인의 사생활 보호가 어려워짐에 따라 잊혀질 권리를 주장하는 사람들이 점점 늘어나고 있다.

130 ★인터넷 : internet. 정보를 교환할 수 있도록 전 세계의 컴퓨터가 연결된 통신망.
▶보급하다 : 널리 펴서 골고루 알리거나 사용하게 하다.

▶ 주의하다 : 마음에 새겨 조심하다.
▶ 명심하다 : 마음속에 깊이 새겨 두다.

★아이피 주소 : 인터넷에 연결되어 있는 해당 컴퓨터의 주소.
▶추적하다 : 달아나는 사람이나 사물의 뒤를 쫓다.

▶ [132쪽] 범인 : 범죄를 저지른 사람.
▶ 순순히 : 성질이나 태도가 매우 고분고분하고 온순하게.

▶ 암호 : 특정한 시스템에 접속할 때 사용자의 신원을 확인하기 위하여 입력하는 문자.
▶ 치밀하다 : 자세하고 꼼꼼하다.

▶ 설정하다 : 새로 만들어 정하여 두다.
▶ 맹세하다 : 약속이나 목표를 꼭 실천하겠다고 다짐하다.

▶ 민망하다 : 겸연쩍고 부끄럽다.
▶ [137쪽] 해제하다 : 풀어서 제거하다.

▶ 개방하다 : 열어서 자유롭게 드나들거나 이용하게 하다.
▶ 동고동락 : 괴로울 때나 즐거울 때나 항상 함께함.

▶ **라이벌** : rival. 같은 분야에서 같은 목적을 위하여 서로 경쟁하는 사람.
▶ **정황** : 어떤 일이 진행되어 가는 모양이나 상태.

▶ 비위 : 일이나 사물에 대하여 무엇을 하고 싶은 기분이나 생각.
▶ 고약하다 : 비위에 거슬릴 정도로 나쁘다.

▶ 필사적 : 죽음을 각오할 정도로 있는 힘을 다하는.
▶ 좌절하다 : 마음이나 기운이 꺾이다.

▶ 욕망 : 무엇을 가지거나 누리고자 간절하게 바람.
▶ 정복하다 : 다루기 어렵거나 힘든 대상을 뜻대로 다룰 수 있게 되다.

▶ 경로잔치 : 노인들을 공경하고 위로하기 위하여 베푸는 잔치.
▶ 대리인 : 다른 사람을 대신하여 일을 처리하는 사람.

▶ **커뮤니티** : community. 일정한 지역이나 공간에서 공동체 의식을 가지고 생활하는 사람들의 모임.

## 인포그래픽 핵심 과학

### 사용 목적에 따른 SNS 분류

누구나 사용할 수 있는 **프로필** SNS
- 싸이월드
- 페이스북
- 카카오스토리

열심히 일하자 **비즈니스** SNS
- 링크드인
- 사람인
- 잡코리아

나만의 세상 **블로그형** SNS
- 네이버블로그
- 티스토리

관심 있는 것만 모아서 **관심사** SNS
- 유튜브
- 핀터레스트
- 포스퀘어

함께 만드는 **협동** SNS
- 위키백과

우리 친구할래? **커뮤니케이션** SNS
- 네이트온
- 카카오톡

## 내 사랑 집중 탐구 기호 SNS

- 스타일쉐어
- 핏펫

## 짧고 간결하게 단문형 SNS

- 트위터
- 텀블러

## 정해진 시간에 사라지는 휘발성 SNS

- 스냅챗

## 쉿! 비밀이야 익명 SNS

- 블라인드
- 에스크

## 사이좋은 우리끼리 폐쇄형 SNS

- 비트윈
- 클래스팅
- 밴드

## 순간을 영원으로 사진·동영상 SNS

- 인스타그램
- 틱톡

## 플러스 통합 과학

**사회로 정보통신 읽기** | 일상생활 속 불편함을 SNS로 해결할 수 있을까?

지진이나 테러 같은 갑작스러운 재난 상황이 발생했을 때, 현장에 있던 사람들이 직접 사진이나 영상을 촬영한 뒤 SNS를 통해 공유하는 것을 본 적 있을 거예요. 텔레비전 뉴스나 신문 기사보다 빠른 속도로 공유되는 SNS를 통해 소식을 접한 많은 사람이 서로 도움을 주고받을 수 있지요.

▲ SNS를 통한 민원 신청의 예

꼭 이렇게 큰 사건이 아니더라도 일상에서 벌어지는 소소한 일에서도 SNS를 활용할 수 있답니다. 여러 사람이 불편을 겪는 일이 주변에 발생하면 그냥 지나치지 말고 휴대 전화로 사진을 찍은 뒤, 관계 기관에서 운영하는 SNS 소통 민원 창구를 이용해 보세요. 번거로운 절차 없이 불편함을 신속하게 해결할 수 있답니다.

집 앞 도로 공사 사진을 찍어 SNS에 올렸을 뿐인데, 이곳을 지나야 하는 사람들이 다른 길로 피해 갈 수 있게 도움을 준 셈이 되었어!

|  | 정식 민원 | SNS 소통 민원 |
|---|---|---|
| 신청 방법 | 문서(전자 문서 포함)로 신청 | SNS로 신청 |
| 신청 조건 | 신청자의 성명과 주소 필요 | 신청자의 정보 필요 없음 |
| 신청 경과 | 접수 대장 등록 및 접수증 발급 | 접수 대장 등록 및 접수증 발급 생략 |
| 신청 결과 | 처리 결과 문서 통지 | 처리 결과 SNS 댓글 등으로 통지 |

### 정치로 정보통신 읽기 | SNS가 사회에 미치는 파급력은 어느 정도일까?

2010년, 아프리카에 있는 튀니지에서는 경찰의 강압적인 노점상 단속에 항의하던 청년이 스스로 목숨을 끊는 사건이 일어났습니다. 이는 곧 23년간 이어진 독재 정치에 억눌려 있던 튀니지 국민들의 쌓여 있던 불만이 폭발하는 계기가 되었어요. 경제적 궁핍에 시달려 온 국민들은 저항했고, 이 상황은 SNS를 통해 전 세계로 퍼져 나갔습니다. 전 세계의 이목이 집중되자 튀니지의 독재 정치는 결국 막을 내렸고, SNS로 뭉친 튀니지 국민들의 승리로 끝났어요.

이처럼 SNS는 전 세계적으로 이용자가 급증하고 있고, 소통의 창구와 정치적 의견을 나누는 장이 되고 있답니다.

이 사건을 튀니지 혁명이라고 불러!

### 문화로 정보통신 읽기 | 아이스 버킷 챌린지란 무엇일까?

루게릭병에 걸린 친구를 돕고 싶었던 한 미국인에 의해 만들어진 아이스 버킷 챌린지는 얼음물을 뒤집어쓰는 동영상을 SNS에 올린 뒤, 다음 도전자 세 명을 지목하여 릴레이로 이어가는 기부 운동입니다. 지목된 사람은 24시간 안에 얼음물을 뒤집어쓰거나 루게릭병 협회에 100달러를 기부해야 하지요.

▲아이스 버킷 챌린지에 참여하는 모습

차가운 얼음물이 닿을 때처럼 근육이 수축되는 루게릭병의 고통을 잠시나마 느껴보자는 취지에서 시작되었는데, SNS에서 큰 화제를 모으며 루게릭병 환자를 돕기 위한 많은 기부금을 모을 수 있었답니다.

# 5장 SNS는 미래에 어떻게 발전할까?

▶대접전 : 힘이나 실력이 비슷하여 좀처럼 승부가 나지 않는 싸움.
▶유치하다 : 수준이 낮거나 세련되지 못하다.

▶ 로켓 : rocket. 우주 공간을 비행할 수 있는 비행 물체.
▶ 반격하다 : 되받아 공격하다.

▶ 유일하다 : 오직 하나밖에 없다.
▶ 라이벌 : rival. 같은 분야에서 같은 목적을 위하여 서로 경쟁하는 사람.

▶ 넘겨짚다 : 남의 생각이나 행동에 대하여 근거 없이 짐작으로 판단하다.
▶ 엉터리 : 보기보다 실속이 없는 것.

▶ 몸소 : 직접 제 몸으로.
▶ 애송이 : 어린 티가 남아 있는 사람이나 물건.

▶ 개싸움 : 옳지 못한 방법으로 욕망을 채우려고 하는 추잡한 싸움.
▶ 삽입되다 : 틈이나 구멍 사이에 다른 물체가 넣어지다.

154
▶ 지질하다 : 보잘것없고 변변하지 못하다.
▶ 불량 : 품질이나 상태가 나쁨.

▶ 성격 : 각 개인이 지닌 고유한 성질이나 품성.
▶ 계산하다 : 어떤 일을 예상하다.

156
▶ 지레 : 무슨 일이 일어나거나 어떤 때가 되기 전에 미리.
▶ 공격하다 : 내달려서 적을 치다.

▶ 명중하다 : 화살이나 총알 등이 겨냥한 곳에 바로 맞다.
▶ 강적 : 만만찮은 상대.

▶ **보류하다** : 어떤 일을 당장 처리하지 않고 나중으로 미루어 두다.
▶ **일리** : 어떤 면에서 그런대로 타당하다고 생각되는 이치.

## 똑똑 과학 | 디지털 큐레이션이란 무엇일까?

디지털 큐레이션(digital curation)이란 인터넷에 널린 수많은 데이터를 특정한 관심이나 흐름, 목적에 따라 재구성하는 것을 말한다. 온라인상에 존재하는 데이터가 점점 더 늘어나면서 사람들은 오히려 자신이 원하는 정보를 찾기 힘들어졌다. 이때 디지털 큐레이션은 SNS 이용자가 필요로 하는 가장 알맞은 정보를 찾아 요약하는 역할을 한다. 쉽게 말해 일종의 나침반인 셈이다.

많은 디지털 전문가들은 앞으로 SNS가 디지털 큐레이션과 함께 더욱 발전할 것이라고 예측하고 있다.

▶ **가치** : 사물이 지니고 있는 값이나 쓸모.
▶ **전자 상거래** : 인터넷에 접속하여 물건을 사고파는 행위.

160 ▶ **취향** : 하고 싶은 마음이 생기는 방향.
▶ **분석하다** : 복잡한 현상을 다양한 각도로 풀어 논리적으로 해명하다.

▶ **정리하다** : 일정한 순서를 가진 상태가 되게 하다.
▶ **감탄하다** : 마음속 깊이 느끼거나 놀라 칭찬하다.

▶ **일생일대** : 한 사람이 살아가는 동안 가장 중요함을 이르는 말.
▶ **굴욕** : 남에게 억눌려 업신여김이나 모욕을 받음.

★ 종족 : 같은 종류의 생물 전체를 이르는 말.
▶ 마추픽추 : Machu Picchu. 페루 중남부 안데스산맥에 있는, 잉카의 성곽 도시가 있던 터.

▶ 넝마주이 : 낡고 해져서 입지 못하게 된 옷이나 헌 종이, 빈 병 등을 주워 모으는 사람.
★ 로봇 : robort. 어떤 작업이나 조작을 자동적으로 해 나가는 기계 장치.

▶ 낌새 : 어떤 일을 알아차릴 수 있는 눈치.
▶ 상의하다 : 서로 의논하다.

166 ▶미션 : mission. 해야 할 중요한 일.
★인터넷 : internet. 정보를 교환할 수 있도록 전 세계의 컴퓨터가 연결된 통신망.

▶ BJ : Broadcasting Jockey. 인터넷 방송의 진행자.
▶ 시청률 : 방송되는 어떤 프로그램이 시청되고 있는 정도.

▶ 임무 : 맡은 일.
▶ 해결책 : 어떠한 일이나 문제를 풀어내거나 잘 처리하기 위한 방법.

인간들은 무언가에 중독되면 먹지 않는 건 물론이고 잠도 자지 않으면서 그 일에 ▶몰두해.

이번엔 어떤 게임을 하지?

그중 요즘 지구인들이 가장 많이 중독되는 것! 그게 바로 SNS야!

SNS 하려고 밥도 안 먹는다고? 에이… 설마.

아닐 거 같지? 하지만 놀라긴 아직 일러.

휴대 전화로 SNS를 하는 인간 열 명 중 약 두 명이 SNS 중독 증상을 보인다고 해!

※ 출처 : 과학기술정보통신부·한국지능정보사회진흥원 '2022년 스마트폰 과의존 실태 조사'

▶ 중독 : 그것 없이는 견디지 못하는 상태.
▶ 몰두하다 : 어떤 일에 온정신이나 관심을 기울여 열중하다.

### 라이브 영상 SNS 중독과 디지털 디톡스

SNS 중독은 가족 간 소통의 단절과 같은 개인적인 문제부터 사이버 불링 같은 사회적 문제까지 많은 문제점을 낳는다.

이러한 SNS 중독에서 벗어나기 위한 방법으로 디지털 디톡스가 주목받고 있다. 디지털 디톡스란 디지털에 '독을 해소하다'라는 뜻의 영어 단어 디톡스(detox)가 결합된 말로 ▶디지털 기기 사용을 잠시 중단함으로써 정신적 회복을 취하는 것을 말한다.

▶ **디지털 기기** : 음성, 문자, 영상 등을 디지털 신호로 처리하는 기계로 스마트폰, 태블릿, 컴퓨터 등이 있음.

▶ 소통하다 : 서로 의견이 잘 통하다.
▶ 압수하다 : 물건을 강제로 빼앗아 가다.

▶ 질문하다 : 알고자 하는 바를 얻기 위하여 묻다.
▶ 불안하다 : 마음이 편하지 않고 조마조마하다.

▶ 관리하다 : 보살펴 돌보다.
▶ 각오하다 : 앞으로 해야 할 일이나 당할 어려움 등에 대하여 마음의 준비를 하다.

▶ 예상하다 : 미리 헤아려 짐작하다.
▶ 넉넉잡다 : 시간이나 수량 등을 넉넉할 만큼 여유를 두다.

▶ **교통비** : 탈것을 타고 다니는 데에 드는 모든 비용.
▶ **추천하다** : 책임지고 소개하다.

▶ [176쪽] 좌표 : 특정 위치를 지정하기 위하여 사용되는 값.
▶ [176쪽] 검색하다 : 책이나 컴퓨터에서 목적에 따라 필요한 자료들을 찾아낸다.

178 ▶통화권 : 전화 통화가 가능한 범위.
★배터리 : battery. 에너지를 모아 두었다가 필요한 때에 전기로 재생하는 장치.

## 인포그래픽 핵심 과학

###  SNS 중독 증상

SNS에 중독되면 우리는 어떤 행동을 하게 될까요? 아래 여섯 가지 유형의 중독 증상을 살펴본 뒤, 혹시 나는 SNS 중독이 아닌지 가늠해 보세요.

**계속 체크형**

한시라도 SNS에 접속하지 않으면 불안해서 견딜 수 없다.

**검색 의존형**

무슨 일이든 SNS로 먼저 검색한 뒤, 자신의 지식인양 뽐낸다.

**알람 중독형**

어떤 댓글이 달릴까 궁금해 알람 소리에 집중한다.

**분노 폭발형**

SNS 활동 중 오류가 발생하면 분노를 적극적으로 표현한다.

**올빼미형**

SNS 활동을 하느라 잠을 제대로 자지 못해서 항상 피곤하다.

**좋아요 남발형**

인맥을 관리하려고 의무적으로 '좋아요'를 누른다.

##  SNS 중독 진단 _ 각자 체크해 보세요.

| 문항 | 아니야! | 가끔 그래! | 보통이야! | 자주 그래! | 항상 그래! |
|---|---|---|---|---|---|
| SNS를 하느라 많은 시간을 사용한다. | 1 | 2 | 3 | 4 | 5 |
| 하루 중 30분 이상 SNS를 사용하는 데 집중한다. | 1 | 2 | 3 | 4 | 5 |
| SNS를 하느라 학업에 소홀한 적이 있다. | 1 | 2 | 3 | 4 | 5 |
| 수업을 듣다가도 종종 SNS 생각을 한다. | 1 | 2 | 3 | 4 | 5 |
| SNS를 이용할 수 없을 때 초조하고 불안하다. | 1 | 2 | 3 | 4 | 5 |
| SNS에 올린 글에 대한 반응을 수시로 확인하고 싶다. | 1 | 2 | 3 | 4 | 5 |
| SNS에 다른 사람이 올린 글을 보고 필요 이상으로 흥분한 적이 있다. | 1 | 2 | 3 | 4 | 5 |
| 개인 문제를 잊기 위해 SNS를 이용한다. | 1 | 2 | 3 | 4 | 5 |
| SNS 이용 중단을 시도했으나 실패한 적이 있다. | 1 | 2 | 3 | 4 | 5 |
| SNS 이용 시간을 조절하는 게 무척 힘들다. | 1 | 2 | 3 | 4 | 5 |

- 25점 이하: 매우 안심 단계
- 26~30점: 조금 안심 단계
- 31~35점: 가벼운 중독 단계
- 36점 이상: 중독 단계

## 플러스 통합 과학

### 윤리로 정보통신 읽기: SNS의 부작용에는 어떤 것이 있을까?

SNS의 발달은 의사소통 방식이나 정보의 전달 및 공유 방식에 큰 변화를 가져왔습니다. 하지만 편리함을 주는 동시에 여러 가지 부작용도 생겨났지요.

**사례 1. 서버를 통한 개인 정보 유출**
SNS 서버에는 이용자의 개인 정보가 저장되어 있습니다. 그래서 서버가 공격받으면 다량의 개인 정보가 유출되어 큰 피해를 입을 수 있어요.

**사례 2. 개인 정보 노출**
SNS 이용자의 사용 기록을 바탕으로 그 사람의 연락처나 주소 등을 알아낼 수 있습니다. 이는 주변 사람에게도 피해를 끼칠 수 있기 때문에 중요한 개인 정보를 남기지 않도록 주의해야 해요.

**사례 3. 사생활 침해**
어떤 사람들은 휴대 전화로 몰래 다른 사람을 찍거나 대화 내용을 녹음해 SNS에 올리기도 합니다. 이는 다른 사람의 사생활을 침해하는 범죄이므로 절대로 해서는 안 됩니다.

**사례 4. 잘못된 정보의 확산**
불확실한 정보가 쉽게 퍼짐에 따라 혼란을 일으킬 수 있고, 익명성을 바탕으로 한 악의적 비난은 또 다른 사회 문제가 되기도 합니다. 새로운 정보를 받아들일 때는 올바른 정보인지 스스로 판단할 수 있는 비판적인 시각이 필요하답니다.

▲ 생각 없이 올린 일상 사진으로 개인 정보가 노출될 수 있다.

> 문학으로 정보통신 읽기

## SNS와의 잘못된 만남, 디지털 뮌하우젠 증후군이란?

18세기 독일의 군인이었던 뮌하우젠 남작은 자신이 경험하지 않은 일들을 직접 겪은 것처럼 꾸며 사람들의 관심을 끌고자 했어요. 영국의 정신과 의사 리처드 애셔는 다른 사람의 사랑과 관심, 동정심을 모으려고 자신의 상황을 과장하는 환자들의 증세가 뮌하우젠 남작과 일치하자 이러한 증상을 '뮌하우젠 증후군'이라고 이름 붙였습니다.

▲전쟁 중 대포알을 타고 다녔다는 뮌하우젠 남작의 거짓 경험을 표현한 그림

이 병을 앓는 사람들은 다른 사람의 관심을 끌려고 아픈 척하거나 자신의 이야기를 부풀려 말하는 정신 장애를 겪어요. 사람들로부터 사랑받고 싶다는 강한 욕구가 원인이지요. 최근 SNS가 널리 이용되면서 '디지털 뮌하우젠 증후군'이 극성입니다. 조회 수를 올리고 싶다는 욕망에 사로잡혀 낭떠러지에서 사진을 찍거나 일부러 다치는 장면을 동영상으로 찍어 SNS에 올리기도 하지요.

2014년, 미국에서는 한 20대 여성이 SNS에 병든 아들을 돌보는 사연을 담아 육아 일기를 연재했습니다. 그녀의 모성애는 전 세계를 울렸지요. 하지만 아들은 얼마 뒤 사망했고, 부검을 한 결과 그녀가 다량의 소금을 먹여 죽였다는 사실이 밝혀졌습니다. 아픈 아들을 간호하는 모습으로 사람들의 관심과 칭찬을 얻으려 한 이 여성의 행동은 디지털 뮌하우젠 증후군을 앓는 환자의 전형적인 모습입니다.

# 도전! 과학 퀴즈

**1번** 아라가 가로세로 퍼즐을 푸는 데 어려움을 겪고 있어요. 아라를 도와 함께 퍼즐을 풀어 보세요.

|   | ① 디 | 지 | 털 |   | ② |   | 션 |   |
|---|---|---|---|---|---|---|---|---|
|   |   |   |   |   |   |   |   |   |
|   |   | ③ 게 |   |   |   |   |   |   |
|   | ④ 해 |   | 태 |   |   | 콘 |   |   |
|   |   | 판 |   |   |   |   |   |   |
|   |   |   |   | ⑤ 엠 |   |   | 스 |   |

### 가로 열쇠

① 인터넷에 널린 수많은 데이터를 특정한 목적이나 관심에 따라 구성하는 것을 디지털 ○○○○이라고 한다.

④ 게시물을 쉽게 분류하고 검색할 수 있도록 '#' 기호 뒤에 단어나 문구를 띄어쓰기 없이 붙여 쓰는 것을 말한다.

⑤ 사진이나 동영상 등을 전달할 수 있는 멀티미디어 메시징 서비스를 말한다.

### 세로 열쇠

② SNS에서 자신의 기분이나 생각을 효과적으로 전달하기 위하여 사용하는 특별한 기호로, 감정을 뜻하는 이모션(emotion)과 기호를 뜻하는 아이콘(icon)이 합쳐진 단어를 말한다.

③ 여러 사람에게 알리고 싶은 내용이 생기면 인터넷을 통하여 사이트에 접속한 뒤 ○○○에 글을 쓴다.

**2번** 누리도 가로세로 퍼즐에 도전하려고 해요. 누리를 도와 퍼즐을 풀어 보세요.

|   |   |   |   |   | ①태 |   |   |
|---|---|---|---|---|---|---|---|
|   |   | ②에 |   |   |   |   |   |
| ③페 |   |   | 북 |   |   |   |   |
|   |   |   |   | ④블 |   |   |   |
|   |   | 에 |   |   |   |   |   |
|   | ⑤인 |   |   |   | 램 |   |   |

### 🔑 가로 열쇠
① 손가락이나 터치 펜으로 쉽게 조작할 수 있는 소형의 휴대용 컴퓨터를 말한다.
③ 대표적인 SNS 중 하나로, 마크 저커버그가 만들었다.
⑤ 인스턴트 카메라(instant camera)와 텔레그램(telegram)의 합성어로, 사진과 동영상을 공유하는 SNS이다.

### 🔑 세로 열쇠
② 휴대 전화로 짧은 메시지를 주고받을 수 있는 단문 메시지 서비스를 말한다.
④ 웹(web)에서 따온 알파벳 'b'와 항해 일지를 뜻하는 로그(log)의 합성어로, 관심사에 따라 자유롭게 글을 올리는 SNS를 말한다.

# 도전! 과학 퀴즈

**3번** 미로를 빠져나가면서 만나는 SNS의 순서대로 특징을 나열해야 합니다. 옳은 순서는 무엇일까요?　　　　　　　　　답 (　　　)

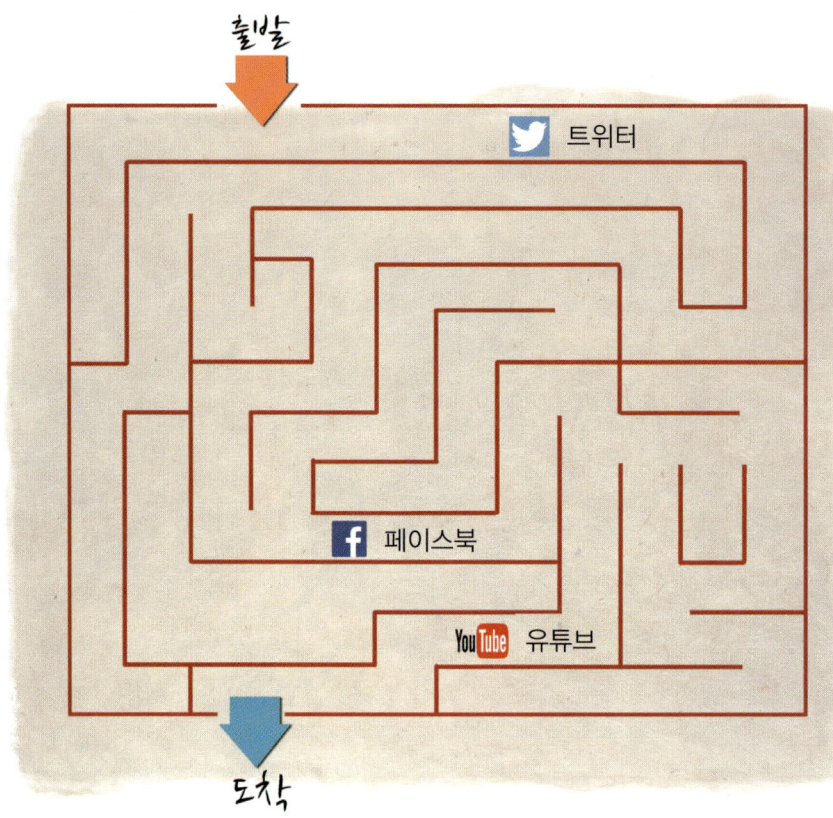

㉠ 마크 저커버그가 만들었으며, 사진이나 동영상 같은 다양한 형태의 자료를 공유하며 인맥을 쌓을 수 있다.
㉡ '지저귀다'라는 뜻을 가졌으며, 짧은 문장으로 자신의 생각을 표현할 수 있다.
㉢ 이용자들이 직접 동영상을 업로드하고 시청하며, 공유할 수 있다.

① ㉠-㉡-㉢　　　　　　② ㉢-㉡-㉠
③ ㉡-㉠-㉢　　　　　　④ ㉡-㉢-㉠

**4번** 아이들이 SNS의 장점을 그림과 글로 정리하였습니다. 아래 그림과 글을 선으로 알맞게 이어 보세요.

①

②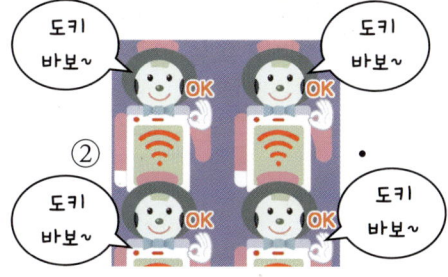

③

④

⑤

- 손쉬운 인맥 관리
- 다양한 정보 공유
- 빠른 정보 전달
- 효과적인 마케팅 수단
- 엄청난 입소문

# 도전! 과학 퀴즈

**5번** 도키가 아이들에게 스무고개 문제를 내고 있습니다. 무엇에 대하여 설명하고 있을까요?  답 (     )

첫째 고개 : 소셜 네트워크 서비스의 준말로 누리 소통망이라고도 해!
둘째 고개 : 스마트폰이나 태블릿 등이 널리 사용되면서 좀 더 쉽게 이용할 수 있게 됐지!
셋째 고개 : 페이스북, 트위터, 인스타그램 등이 대표적이야!

① SNS        ② SMS
③ MMS       ④ UCC

**6번** 아이들이 표현의 자유에 대하여 이야기하고 있습니다. 이 중 옳은 내용만 고른 것은 무엇일까요?  답 (     )

㉠ SNS는 이용자의 의사를 표현하는 수단이므로 사회 문제에 대한 내 생각을 쓸 수 있어!

㉡ 표현의 자유를 내세우며 막무가내로 다른 사람을 비방하거나 잘못된 정보를 퍼뜨리면 안 돼!

㉢ 선거 운동에서 상대 후보자를 비방하는 용도로 SNS를 사용할 수 있어!

① ㉠           ② ㉠, ㉡
③ ㉠, ㉢      ④ ㉡, ㉢

**7번** 아이들이 SNS의 순기능에 대하여 이야기하고 있습니다. 주제와 관련 없는 말을 하는 친구는 누구일까요?   답 (    )

① 준호 : 범죄 상황을 실시간으로 제보해 범인을 잡는 데 도움이 될 수 있어!

② 민수 : 친구들끼리 직접 만나서 숙제를 할 수 있어!

③ 인영 : 몇 년 전 다른 지역으로 이사 가 잊고 지낸 친구를 찾을 수 있어!

④ 예리 : 화재나 홍수 같은 재난이 발생하면 구조를 요청할 수 있어!

# 도전! 과학 퀴즈

**8번** 다음 설명을 모두 읽은 뒤, 빈칸 ㉠~㉢에 들어갈 알맞은 용어를 써 보세요.   답(㉠       ㉡       ㉢       )

> SNS ⇨ 소셜 네트워크 서비스(Social Network Service)
> SMS ⇨ 단문 메시지 서비스(Short Message Service)
> MMS ⇨ 멀티미디어 메시지 서비스(Multimedia Message Service)

| ㉠ _____ | ㉡ _____ | ㉢ _____ |
|---|---|---|
| 동영상, 사진, 음원 등 다양한 형태의 데이터를 첨부할 수 있다. | 온라인을 통하여 정보 공유, 인맥 관리, 자기표현 활동 등을 할 수 있다. | 영문 140자 또는 한글 70자 이내의 짧은 메시지를 주고받을 수 있다. |

**9번** 아이들이 SNS에 대하여 이야기를 나누고 있습니다. 이 중 옳은 내용만 고른 것은 무엇일까요?   답(     )

① ㉠
② ㉠, ㉡
③ ㉠, ㉡, ㉢
④ ㉠, ㉡, ㉢, ㉣

㉠ SNS 계정만 만들면 누구나 이용할 수 있어!

㉡ 직접 만나지 못하더라도 SNS로 소식을 주고받을 수 있어!

㉢ 때로는 사회적 이슈를 언론보다 더 빨리 수집할 수도 있어!

㉣ SNS를 이용하려면 반드시 컴퓨터가 있어야 해!

**10번** 선생님이 SNS와 관련된 현상에 대하여 설명하고 있습니다. 빈칸에 들어갈 알맞은 말은 무엇일까요?    답 (      )

_____이란 SNS를 이용해 특정 인물을 집요하게 괴롭히는 현상을 말합니다. 우리 친구들은 온라인상에서도 사이좋게 지내야 해요.

① 사이버 러브   ② 사이버 머니
③ 사이버 보안   ④ 사이버 불링

**11번** 먹는 방송으로 유명한 냠냠 왕자가 무엇에 대하여 설명하고 있습니다. 빈칸에 들어갈 알맞은 말은 무엇일까요?    답 (      )

난 전문적으로 방송을 만드는 사람은 아니지만 맛있는 음식을 소개하는 _____를 만들어 사람들에게 정보를 전달하지!

① ACC   ② BCC
③ CCC   ④ UCC

## 도전! 과학 퀴즈

**12번** 아이들이 페이스북과 트위터의 특징을 정리하여 그림 카드를 만들었습니다. 그림 카드를 모두 확인한 뒤, 페이스북 그림 카드와 트위터 그림 카드를 분류하여 보세요.

㉠ 친목형

친목 도모를 목적으로 개발

㉡ 정보형

정보 공유를 목적으로 개발

㉢ 5,000명

친구 추가 최대 5,000명

㉣ 제한 없음

친구 추가 제한 없음

㉤ 140자

140자까지 작성 가능
(대한민국 기준)

㉥ 420자

420자까지 작성 가능

| Ⓐ 페이스북 그림 카드 | Ⓑ 트위터 그림 카드 |
|---|---|
|  |  |

야호~ 거의 다 풀었다!

**13번** 다음은 어떤 인물이 받은 공로상입니다. ㉠에 들어갈 인물의 이름은 무엇일까요?   답 (   )

① 마크 저커버그
② 토머스 에디슨
③ 제임스 와트
④ 알베르트 아이슈타인

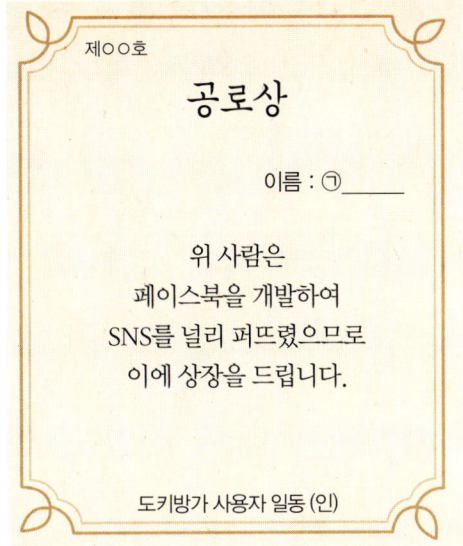

제○○호

**공로상**

이름 : ㉠_____

위 사람은
페이스북을 개발하여
SNS를 널리 퍼뜨렸으므로
이에 상장을 드립니다.

도키방가 사용자 일동 (인)

**14번** 아라와 누리가 잊혀질 권리에 대하여 설명하고 있습니다. 설명이 참이면 ◯, 거짓이면 ✕를 써 보세요.

잊혀질 권리란 자신이 작성한 글을 온라인상에서 완전히 삭제할 수 있는 권리를 말해!

개인 정보가 유출되어 피해를 입었다면 SNS에 올린 자료는 언제든 완벽하게 삭제할 수 있지!

(   )   (   )

## 도전! 과학 퀴즈

**15번** 아라와 누리가 인터넷으로 SNS 관련 용어를 검색하였습니다. 아라와 누리가 검색한 ㉠은 무엇일까요?    답 (    )

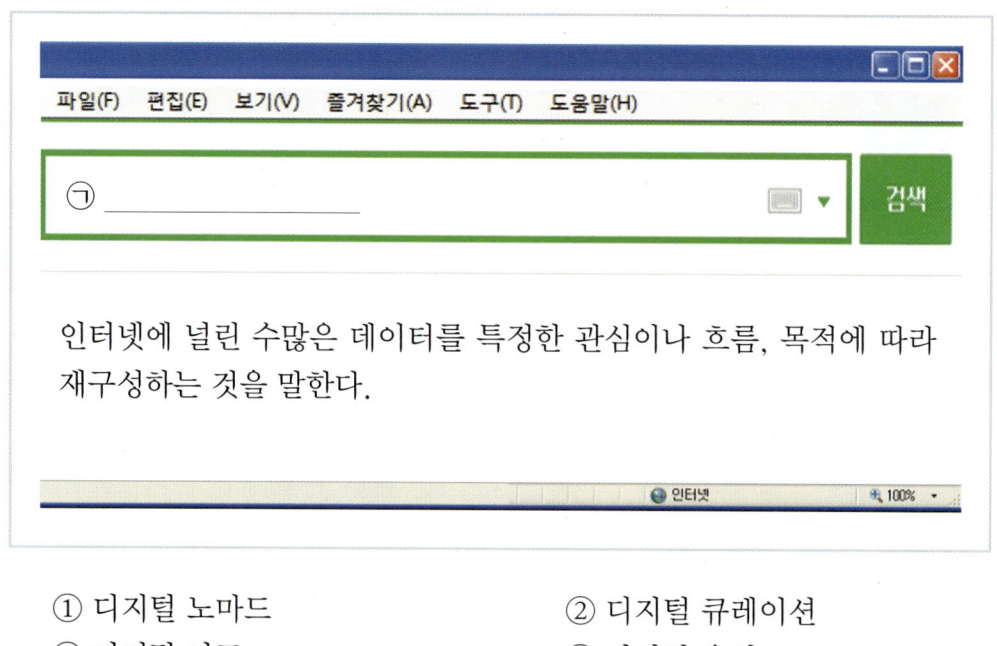

인터넷에 널린 수많은 데이터를 특정한 관심이나 흐름, 목적에 따라 재구성하는 것을 말한다.

① 디지털 노마드  ② 디지털 큐레이션
③ 디지털 아트  ④ 디지털 옵션

**16번** 다음 중 SNS의 역기능이 아닌 것은 무엇일까요?    답 (    )

① SNS 중독으로 사회생활을 어렵게 만든다.

② 개인 정보가 노출되어 범죄에 악용되기도 한다.

③ 홍수나 산사태 같은 심각한 뉴스를 퍼뜨려 사회에 혼란을 일으킨다.

④ 악성 댓글로 글을 올린 사람을 우울하게 만들기도 한다.

**17번** 스마트폰이 널리 이용되면서 만화 속 누리처럼 SNS에 중독되는 사람들도 빠르게 늘어나고 있습니다. SNS에 중독되지 않기 위하여 앞으로 나는 어떤 노력을 기울일지 자유롭게 써 보세요.

나의 다짐

# 도전! 과학 퀴즈 정답과 해설

**1번**

|①디|지|털|큐|레|②이|션| |
|---|---|---|---|---|---|---|---|
| | | | | |모| | |
| |③게| | | |티| | |
|④해|시|태|그| |콘| | |
| |판| | | | | | |
| | | | |⑤엠|엠|에|스|

**2번**

| | | | | |①태|블|릿|
| | |②에| | | | | |
|③페|이|스|북| | | | |
| |엠| |④블| | | | |
| |에| |로| | | | |
| |⑤인|스|타|그|램| | |

**3번**  답 ③
㉠은 페이스북, ㉡은 트위터, ㉢은 유튜브의 특징이다.

**4번**

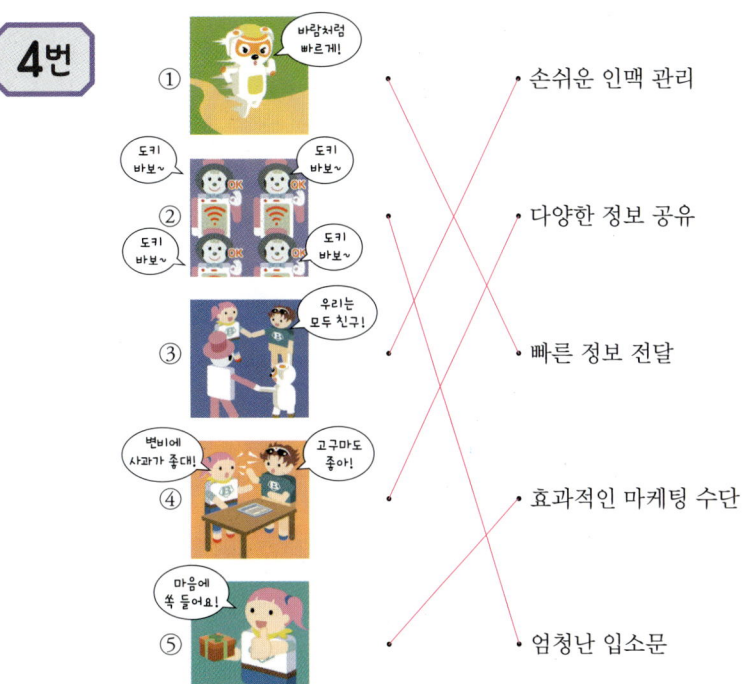

**5번** 답 ①

온라인상에서 다양한 사람들과 의견을 나누고, 정보를 공유할 수 있도록 제공되는 서비스를 통틀어 SNS라고 한다.

**6번** 답 ②

SNS를 악용하면 개인이나 사회에 심각한 피해를 입힐 수도 있다. 따라서 선거와 같은 중요한 사항에 대해서는 SNS 활동을 법적으로 제한하기도 한다.

**7번** 답 ②

SNS를 이용하면 멀리 떨어져 있거나, 직접 만나지 못하더라도 서로의 소식이나 정보 등을 주고받을 수 있다.

**8번** 답 ㉠ MMS ㉡ SNS ㉢ SMS

㉠은 MMS, ㉡은 SNS, ㉢은 SMS를 정의한 것이다.

## 도전! 과학 퀴즈 정답과 해설

**9번** 답 ③

스마트폰이나 태블릿 등이 널리 이용되면서 SNS를 조금 더 쉽게 접할 수 있게 되었다.

**10번** 답 ④

온라인상에서 이메일이나 휴대 전화, SNS 등을 이용하여 특정 인물을 반복적으로 괴롭히는 행위를 사이버 불링이라고 한다.

**11번** 답 ④

방송 매체나 기업이 아닌 사용자가 직접 제작한 콘텐츠를 UCC라고 한다.

**12번** 답 Ⓐ ㄱ, ㄷ, ㅂ Ⓑ ㄴ, ㄹ, ㅁ

ㄱ, ㄷ, ㅂ은 페이스북의 특징을 정리한 그림 카드이고, ㄴ, ㄹ, ㅁ은 트위터의 특징을 정리한 그림 카드이다.

**13번** 답 ①

마크 저커버그는 성공한 SNS 중 하나로 손꼽히는 페이스북을 개발하였다.

**14번** 답 ○, ×

온라인상에 등록된 게시물은 빠르게 퍼져 나가며 확대 재생산되므로 완벽하게 지울 수 없다. 이러한 이유로 잊혀질 권리를 주장하는 사람들이 점점 늘어나고 있다.

**15번** 답 ②

온라인상에 널린 정보들을 주제별로 모으고 정리하는 작업을 디지털 큐레이션이라고 한다.

**16번** 답 ③

홍수나 화재 같은 일분일초가 급박한 심각한 뉴스를 언론보다 빨리 확인할 경우 위기 상황에 더욱 유연하게 대처할 수 있다.

## 17번

답 (예시)
저녁 식사를 한 이후에는 휴대 전화를 사용하는 대신 가족들과 대화하는 시간을 가질 것이다.

## 자료 제공

**사진 출처**  43 마크 저커버그·셔터스톡 페이스북·픽사베이  70 블로그·위키피디아 Cortega9  78 파리를 위해 기도를·위키피디아 텍사스를 위해 기도를·픽사베이  110 인증샷·연합뉴스  111 선거 유세장·연합뉴스  147 아이스 버킷 챌린지·위키피디아 Chris Rand  183 뮌하우젠 남작 풍자화Ⅰ·위키피디아 뮌하우젠 남작 풍자화Ⅱ·위키피디아

**통계 출처**  169 SNS 중독·과학기술정보통신부·한국지능정보사회진흥원 '스마트폰 과의존 실태 조사'(2022년)

이 책에 사용한 모든 자료의 출처를 밝히기 위해 노력하였습니다. 누락되거나 잘못된 점이 발견되면 바로잡겠습니다.

2016소년조선일보
올해의 어린이책 대상

천재교육

EBS 한국사 **최태성** 강사 **강력** 추천

## 교과서 인물로 배우는
# 우리 역사

권장 대상 : 초등 전 학년(1~6학년)

**멀티미디어 역사 카드
+ 세트 구입 시 역사 연표 제공**

 책 속의 QR코드를 이용해 드론 촬영한 생생한 유적지를 만나 보세요!

## LIVE 한국사 시리즈 전 20권

| 선사 시대·고조선 | 1권 선사시대와 고조선 |
| --- | --- |
| 삼국·남북국 | 2권 고구려의 성장과 쇠퇴<br>3권 백제의 찬란한 문화<br>4권 신라의 발전<br>5권 통일신라와 발해 |

| 고려 | 6권 고려의 건국<br>7권 무신 정권과 천민의 난<br>8권 고려의 쇠퇴 |
| --- | --- |
| 조선 | 9권 조선의 건국과 발전<br>10권 훈구와 사림의 대립<br>11권 임진왜란 전후의 상황<br>12권 병자호란과 북벌<br>13권 실학과 서민 문화 |

| 근대화기 | 14권 빗장을 연 조선과 계몽사상<br>15권 개항기와 독립협회 |
| --- | --- |
| 일제 강점기 | 16권 독립운동과 계몽사상<br>17권 무장 독립운동<br>18권 광복과 대한민국 임시 정부 |
| 대한민국 | 19권 6·25와 경제 개발 계획<br>20권 대한민국의 발전 |